おりがみで作る
壁面かざり
12か月

日本折紙協会会員
朝日 勇 監修

もくじ

- P.4　せんせいの紹介
- P.5　貼り絵おりがみの魅力とは？
- P.6　折り方の基本

壁面おりがみ12か月

P. 8 ／4月	P.16 ／ 8月	P.24 ／12月
P.10 ／5月	P.18 ／ 9月	P.26 ／ 1月
P.12 ／6月	P.20 ／10月	P.28 ／ 2月
P.14 ／7月	P.22 ／11月	P.30 ／ 3月

- P.32　あると便利な道具

おりがみの折り方

4月 -April-

- P.34　／チューリップ①
- P.36　／葉①
- P.37　／チョウ①
- P.38　／チューリップ②
- P.39　／葉②

5月 -May-

- P.40　／鯉のぼり
- P.41　／かぶと
- P.42　／ふきながし
- P.44　／あやめ
- P.45　／小鳥

6月 -June-

- P.46　／バラ
- P.48　／小魚（メダカ）
- P.49　／あじさい
- P.50　／てるてるぼうず

7月 -July-

- P.52　／アサガオ①
- P.54　／アサガオの葉
- P.56　／アサガオ②
- P.58　／せみ
- P.59　／太陽

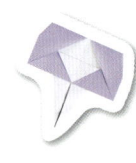

おりがみの折り方

8月 -August-

P.60 ／ヨット
P.61 ／波
P.62 ／汽船
P.64 ／魚
P.66 ／イカ
P.68 ／貝

9月 -September-

P.70 ／村の子
P.74 ／農家
P.76 ／ススキ

10月 -October-

P.78 ／チョウ②
P.80 ／コスモス
P.82 ／もみじ
P.84 ／とんぼ

11月 -November-

P.86 ／栗
P.87 ／きのこ
P.88 ／いちょう
P.90 ／リス

12月 -December-

P. 94 ／妖精
P. 96 ／サンタクロース
P.100 ／ロウソク
P.102 ／森の木
P.103 ／星
P.104 ／ブーツ

1月 -January-

P.106 ／ペンギン
P.107 ／玉
P.108 ／雪だるま
P.109 ／手袋
P.110 ／家①
P.112 ／家②

2月 -February-

P.114 ／梅
P.116 ／おたふく
P.118 ／鬼
P.120 ／ひな人形

3月 -March-

P.122 ／てんとう虫
P.123 ／木
P.124 ／クローバー

せんせいの紹介

朝日　勇 先生
　あさひ　　いさむ

朝日です！

昭和11年生まれ。日本折紙協会会員。
「世界おりがみ展」の連続出展をはじめ、展示会や個展を数多く主催。またおりがみ講師として、カルチャーセンター、社会教育施設などで、国内外における普及活動も積極的に展開。1992年、国際交流基金から西アフリカ（ガーナなど４ヵ国）に折り紙大使として派遣される。2008年より「おりがみ絵本通信講座」（コロネット）を開講中。主な著作に「親子で楽しむやさしいおりがみ第１集」、「親子で楽しむやさしいおりがみ第２集」（土屋書店）、「最新決定版 おりがみ全集プラス」、「おりがみ通信」（パッチワーク通信社）など多数。

せんせいの作品

REPORT 貼り絵おりがみの魅力とは?

朝日先生の「貼り絵おりがみ」講座に参加してみました!

月に2回、朝日先生が講師として指導する「四季の折り紙」講座（読売・日本テレビ文化センター主催）に参加して、その魅力について受講生にお話を伺いました。

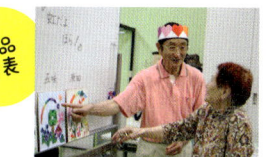

— この講座に参加してどのくらいですか？
Aさん 私を含めて、ほとんどの人が、10年以上になりますよ。

— 「貼り絵おりがみ」のどんなところが楽しいですか？
Aさん 色紙（しきし）におりがみで絵を描いて、1つの自分の作品ができることです。
Bさん 自分でつくった作品を、みんなで発表しあいながら、「このおりがみステキ！」、「こんなイメージもおもしろい」、「色使いが上手」、「この色紙はどこで買ったの？」など**みんなで楽しく意見を交換するのが、とっても楽しいです。**

— 「貼り絵おりがみ」はつくって楽しいだけではなく、つくった作品について意見を交換するおもしろさがあるんですね。
Cさん 最近では、街で素敵なデザインのチラシを見たりすると、何枚かもらってきて、みんなで共有したりしますよ。「色の使い方」や「絵の描き方」についておしゃべりしながら、作品づくりに活かしたりします。
Dさん それから、もちろんこの講座の一番の魅力は、愉快な朝日先生の人柄ですよ。
全員 ほんとうにそうですね。

— 皆さんは作品づくりの他に、おりがみを日常的に活用することはありますか？
Eさん 年賀状や手紙によく添えたりします。
Cさん ちょっとした手づくりのものがあると、ハガキや手紙を贈る方も、もらう方も楽しさが増しますよ。

【参加してみて…】
今回のインタビューでは、皆さんの生き生きとした笑顔が印象的でした。「貼り絵おりがみ」の最大の魅力は、作品づくりの楽しさを仲間と一緒に共有することなのかもしれません。

折り方の基本

矢印の例

【手前に折る】

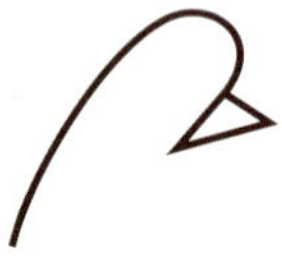

【裏側へ折る】

【差し込む】

【ひらく】

必要な道具を揃えよう！

- おりがみ
  大きいおりがみ（26cm×26cm）
  一般的なおりがみ（15cm×15cm）
  小さいおりがみ（7.5cm×7.5cm）

- のり　　・ハサミ
- 模造紙　・画用紙

折り方の説明

【谷折り】

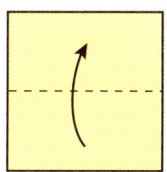 

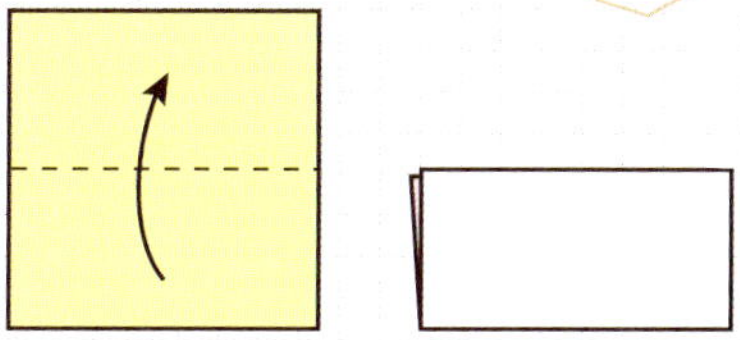

【山折り】

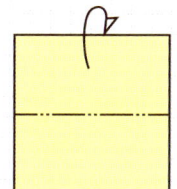 

【折りすじをつける】

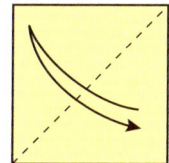 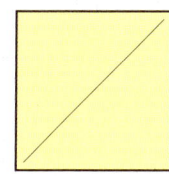

一度折って、元に戻すことで折り線をつけることです。

【仮想線】

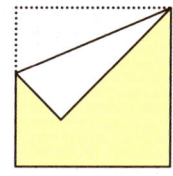 

元の形や次の形を示しています。

【段折り】

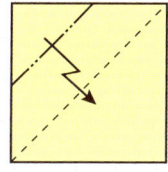 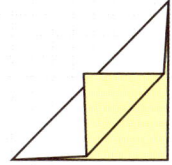

横から見ると段になっている折り方です。

【巻く】

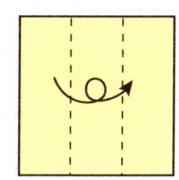 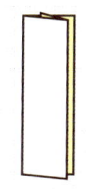

谷折り線を使って、巻く。または、同じ方向に繰り返し折ることです。

おりがみの基本となる、山折りと谷折りだけは、覚えておきましょう。あとは、わからなくなったときに、このページに戻ってきたり、前後の折り方から考えてみると、どれも作れないものはありません。さあ、お部屋が楽しくなる、「壁面かざり」をつくりましょう。

4
April

難しさ ★★☆☆☆

人数 1〜3人

tulip

この作品で使う
おりがみの種類

◆ チューリップ① (P.34)
◆ 葉① (P.36)

朝日 勇 作

｛チューリップの花束｝

グラデーションのおりがみを使用して、花の色に奥行きを与えて
みましょう。

Spring

tulip

チューリップ畑

大きいサイズ

チューリップ畑にチョウが舞う春らしい風景。
色とりどりのチューリップをたくさん咲かせ、
春の訪れを喜びましょう。

難しさ ★★☆☆☆
人　数 5〜10人

この作品で使う
おりがみの種類

- チューリップ① (P.34)
- チューリップ② (P.38)
- チョウ① (P.37)
- 葉① (P.36)
- 葉② (P.39)

butterfly

ワンポイント
アドバイス

3月や5月で取りあげる
「てんとう虫」や「小鳥」
などを入れても、楽しい場面
になるでしょう。

5
May

carp streamer

鯉のぼり

鯉のぼりにシールやペンを使ってウロコの模様をつけると、よりおしゃれで楽しい鯉のぼりが完成します。

朝日 勇 作

※この作品にある「草」のおりがみの折り方は本書ではご紹介しておりません。

この作品で使う
おりがみの種類

◆ 鯉のぼり（P.40）
◆ ふきながし（P.42）

難しさ ★☆☆☆☆

人数 1〜3人

Spring

あやめと小鳥

あやめも、鯉のぼりもとってもカンタンなので、細かい作業が苦手な方にも、すぐにつくることができます。

bird

難しさ ★☆☆☆☆

人数 5〜10人

この作品で使う
おりがみの種類

- 鯉のぼり（P.40）
- かぶと（P.41）
- あやめ（P.44）
- 小鳥（P.45）

ワンポイント
アドバイス

白い画用紙を雲の形に切り取って模造紙に貼ると鯉のぼりのダイナミックさが増します。

6
June

rice fish

メダカとバラ

色紙に小さいサイズのおりがみで折った「メダカ」と「バラ」を配置すれば、素敵な作品の出来上がり！メダカの群れが泳いでいるように、意識して配置してみましょう。

朝日 勇 作

色紙サイズ

難しさ ★★★☆☆
人　数 1〜3人

この作品で使うおりがみの種類

- バラ（P.46）
- 小魚（メダカ）（P.48）
- てんとう虫（P.122）

Summer

hydrangea

雨の日のあじさい

大きいサイズ

「あじさい」は、数が多い方が断然華やかになるので、みんなでたくさんつくりましょう。また、画用紙を細長く切って雨を降らせてみましょう。

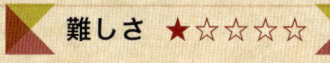
難しさ ★☆☆☆☆

人　数　5〜10人

rainy day

ワンポイントアドバイス

折った「あじさい」をいくつか固めて、そのバックに丸く切った紫色、水色、桃色などの画用紙を貼ると、あじさいのかたまりがくっきりできます。

この作品で使うおりがみの種類

- 小魚（メダカ）(P.48)
- あじさい (P.49)
- てるてるぼうず (P.50)

13

7

July

morning glory

アサガオ

アサガオの折り方もとてもカンタンです。グラデーションのおりがみを使用すると、色の濃淡でアサガオの奥行きも感じられます。

朝日 勇 作

難しさ ★★☆☆☆

人数 1〜3人

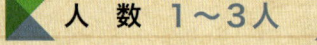

この作品で使う
おりがみの種類

- アサガオ①（P.52）
- アサガオの葉（P.54）

アサガオとせみ

アサガオとせみの折り方を覚えてしまえば、カラフルで生き生きとした夏の風景の出来上がり！

難しさ ★☆☆☆☆

人　数　3～10人

この作品で使うおりがみの種類

- アサガオ②　(P.56)
- せみ　(P.58)
- 太陽　(P.59)

ワンポイントアドバイス

画用紙を長細く切り、格子(こうし)状に組めば、アサガオを巻きつけるための竿(さお)もすぐにつくれます。

8
August

ヨットと波

朝日 勇 作

ヨットと波というとてもシンプルなものですが、両面色つきのおりがみを使用すると、ヨットがさらに個性的になります。

難しさ ★☆☆☆☆

人　数　1〜2人

この作品で使う
おりがみの種類

◆ ヨット（P.60）
◆ 波（P.61）

Summer

夏の海

難しさ ★★☆☆☆

人数 3〜10人

夏らしい海の風景。水上の汽船やヨットと、水中の魚や貝の群れの両方を描けるとダイナミックな壁面かざりになります。

大きいサイズ

この作品で使うおりがみの種類

- ヨット (P.60)
- 汽船 (P.62)　 魚 (P.64)
- イカ (P.66)　 貝 (P.68)
- 小魚（メダカ）(P.48)
- 太陽 (P.59)

ワンポイントアドバイス

模造紙を2枚使って、水の中と外を表現しましょう。1枚は青または水色の模造紙を使用し、半分より少し上くらいを波打つように切り取り、もう1枚の模造紙と重ねます。また、魚のまわりに、丸いシールをいくつか貼れば泡（あぶく）が表現できます。

9
September

ginkgo

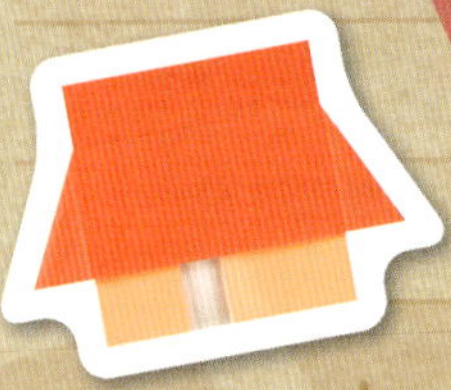

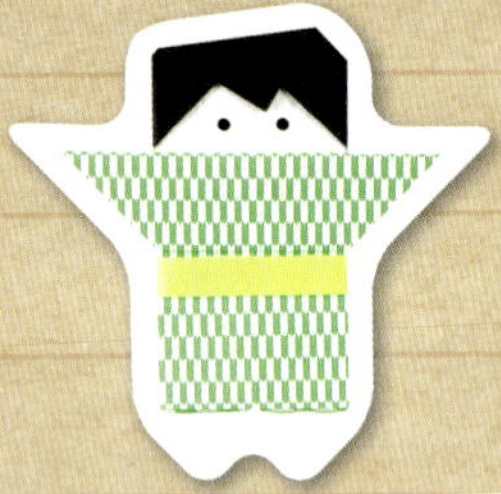

楽しい秋の公園

色紙サイズ

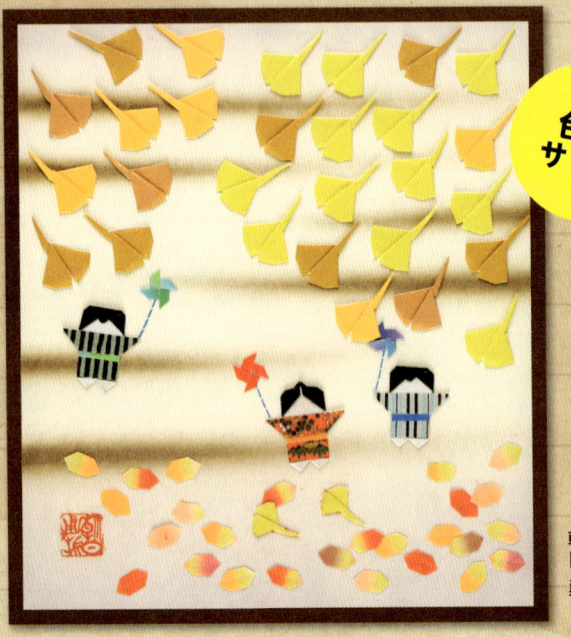

朝日勇 作

「村の子」と「いちょう」は少し折り方が難しいですが、つくることができると楽しい作品です。

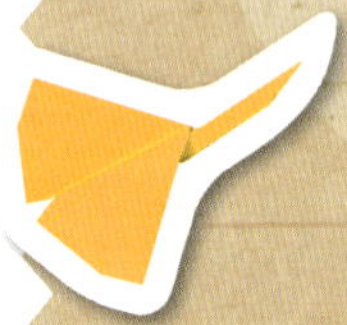

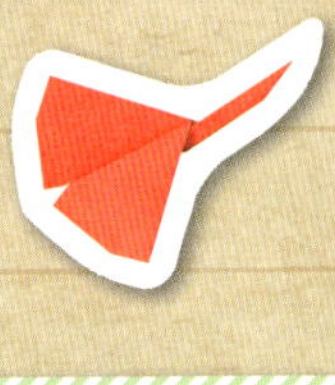

難しさ ★★★★☆

人 数 1～3人

この作品で使うおりがみの種類

- 村の子 (P.70)
- いちょう (P.88)

こんな道具があると便利

- 千代紙や和紙

村の子どもたち

難しさ ★★★☆☆

人数 3～10人

ススキが風でなびく野原を、村の子どもたちが遊んでいるという懐かしい風景。
村の子どもたちがとてもかわいらしいおりがみです。

ワンポイントアドバイス

「村の子」の着物の柄(がら)は、千代紙や和紙など使うと、ぐっと雰囲気がでます。

この作品で使うおりがみの種類

- 村の子 (P.70)
- 農家 (P.74)
- ススキ (P.76)

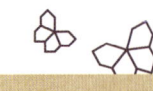

10
October

butterfly

秋のチョウ

朝日 勇 作

コスモスなど秋の花のまわりを飛ぶチョウも可憐です。グラデーションのおりがみなどを使えば、繊細な感じを出すことができます。

 難しさ ★★★☆☆

 人　数　1～3人

この作品で使うおりがみの種類

◆ チョウ②（P.78）

こんな道具があると便利

◆ グラデーションのおりがみ

Autumn

コスモスととんぼ

大きいサイズ

コスモスともみじが舞う秋の空をとんぼが飛んでいる風景。コスモス、もみじ、とんぼ、いずれも最初は15cm×15cmのおりがみで慣れてきたら、小さいサイズのおりがみを使ってみましょう。

| 難しさ ★★★☆☆ |
| 人 数 5〜10人 |

cosmos

ワンポイントアドバイス

コスモスやとんぼは、ある程度、色の統一感を意識してつくって貼ると、作品全体に、まとまりが出ます。

この作品で使うおりがみの種類

- コスモス (P.80)
- もみじ (P.82)
- とんぼ (P.84)

21

11
November

chestnut

栗の花

朝日 勇 作

栗をアレンジして大きな花を描いた作品です。
栗は折り方もカンタンなのでおすすめです。
画用紙に栗の花を咲かせましょう。

flower

難しさ ★☆☆☆☆

人数 1〜3人

この作品で使う
おりがみの種類

◆栗（P.86）

Autumn

squirrel

秋の収穫

大きい
サイズ

栗、きのこなど旬の食材と里山をイメージした作品です。いちょうは少し難しいですが、つくれるようになると、いちょうの黄色が華やかさを添えます。

難しさ ★★★☆☆

人数 5〜10人

ワンポイントアドバイス

きのこに黄色や白色の丸いシールを貼ると、きのこに模様ができてかわいらしくなります。背景に、画用紙で型どった山をおき、大きめの丸いシールで雪を散らすと、晩秋の里山になります。

この作品で使うおりがみの種類

- 栗 (P.86)
- きのこ (P.87)
- いちょう (P.88)
- リス (P.90)
- とんぼ (P.84)

23

12
December

christmas

妖精のクリスマスツリー

たくさんの妖精でクリスマスツリーをつくったユニークな作品。この作品は色紙に小さな妖精を貼っていますが、大きな模造紙に大人数で大きな妖精のツリーをつくることができたら素敵ですね。

ISAMU.ASAHI

朝日 勇 作

色紙サイズ

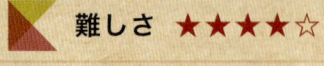
難しさ ★★★★☆

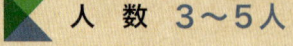
人数 3〜5人

この作品で使うおりがみの種類

- 妖精（P.94）
- サンタクロース（P.96）
- 星（P.103）

こんな道具があると便利

- キラキラのおりがみ

24

Winter

楽しいクリスマス

 難しさ ★★★☆☆

 人　数　5～10人

ブーツ、サンタクロース、星などクリスマスらしいワクワクする作品です。サンタクロース、妖精、ロウソクは少し難しいですが、ぜひチャレンジしてみてください。

大きいサイズ

ワンポイントアドバイス

ブーツは、大きいサイズのおりがみ（26cm×26cm）を使用するとよいでしょう。森の木は1つ大きなおりがみを使って折ると、クリスマスツリーになります。

この作品で使うおりがみの種類

- 妖精（P.94）
- サンタクロース（P.96）
- ロウソク（P.100）
- 森の木（P.102）
- 星（P.103）
- ブーツ（P.104）
- 家①（P.110）
- 家②（P.112）

こんな道具があると便利

- 雪の結晶のクラフトパンチ

25

1 January

penguin

ペンギンの行進

朝日 勇 作

大小さまざまなペンギンがかわいらしい作品。階段はおりがみを長方形に切って、貼っただけですが、上図のように柄のついたおりがみを使うとより紙面が楽しい感じになります。

難しさ ★☆☆☆☆

人数 1〜3人

この作品で使う
おりがみの種類

- ペンギン（P.106）
- 玉（P.107）

こんな道具があると便利

- 柄のついたおりがみ

Winter

ペンギンと雪だるまの冬休み

大きいサイズ

■ 難しさ ★★★☆☆
■ 人 数 5〜10人

ペンギンと雪だるまで、楽しい冬の風景をつくりましょう。家をつくる際には、四角く小さく切った紙を貼って、窓もつけてみましょう。

ワンポイントアドバイス

雪の結晶の形のクラフトパンチを使用して、まわりにちりばめると、かわいらしくなります。

この作品で使うおりがみの種類

◆ ペンギン（P.106）
◆ 雪だるま（P.108）
◆ 手袋（P.109） ◆ 家①（P.110）
◆ 家②（P.112） ◆ 星（P.103）
◆ 木（P.123）

こんな道具があると便利

◆ 雪の結晶のクラフトパンチ

2
February

{ 節分と梅の花 }

大きいサイズ

ワンポイントアドバイス

丸い黄色いシールなどを散らして、節分の豆を表現しましょう。

難しさ ★★☆☆☆
人数 5〜10人

Winter

ひな人形

朝日 勇 作

ひな人形は2月の下旬ごろからかざって、3月3日が過ぎたら片づけるのがよいといわれています。素敵な「ひな人形」をかざりましょう。

難しさ	★☆☆☆☆
人 数	1～2人

こんな道具が あると便利

◆ 千代紙や和紙

この作品で使う おりがみの種類

◆ ひな人形 (P.120)

hina

節分と梅の花

楽しい節分の風景。大勢でたくさんの梅の花を咲かせると華やかになります。おたふくの表情をつけるのもおもしろいおりがみです。

oni

こんな道具が あると便利

◆ 丸いシール

この作品で使う おりがみの種類

◆ 梅 (P.114)
◆ おたふく (P.116)
◆ 鬼 (P.118)
◆ 小鳥 (P.45)

29

3

March

flower

てんとう虫の花

アイデア1つで、「てんとう虫」が「お花」にもなってしまいます。小さいサイズのおりがみを使って「てんとう虫」をたくさんつくり、花の形になるように配置してみましょう。

朝日 勇 作

難しさ ★☆☆☆☆

人　数 1～3人

この作品で使う
おりがみの種類

◆ てんとう虫 (P.122)

Spring

clover

クローバーと てんとう虫

大きい サイズ

大人数で大小、さまざまな色のクローバーやてんとう虫をつくると華やかな壁面かざりになります。

難しさ ★★☆☆☆

人数 5〜10人

ワンポイントアドバイス

さまざまな色の丸いシールを用意しておくと、てんとう虫の色にあわせて、色々な柄（がら）をつけることができます。

この作品で使うおりがみの種類

- てんとう虫 (P.122)
- 木 (P.123)
- クローバー (P.124)

31

あると便利な道具

- ・グラデーションのおりがみ
- ・千代紙、和紙など
- ・両面色つきおりがみ
- ・色紙
- ・クラフトパンチ
- ・丸いシール（大・中・小）
- ・セロテープ
- ・両面テープ
- ・カッター　など

注目のアイテム①　グラデーションのおりがみ、千代紙

「グラデーションのおりがみ」があると、単純な形のおりがみであっても作品に奥行きがでて、魅力的になります。また「千代紙」があると、着物などを表現するときにとても便利で、格段に雰囲気がでます。

注目のアイテム②　クラフトパンチ

クラフトパンチには、「星形」や「ハート形」、「雪の結晶形」などたくさんの形があります。さまざまな形に紙を切り抜いて、おりがみの作品の横に添えて貼ると、ぐっとかわいらしい作品になります。
模造紙を使った作品では大きいものがオススメです！
値段は小さいもので100円～500円。大きいもので300円～900円程度です。

注目のアイテム③　丸いシール（大・中・小）

さまざまな大きさ、そしてさまざまな色の丸いシールがあると重宝します。たとえばてんとう虫の模様や、動物の目をつけるのにも使いますが、雪や、節分の豆、魚の泡（あぶく）などちょっとしたものを表現するときに使うと、作品のおもしろみが増します。またシールを貼る作業自体にも楽しさがあります。

おりがみの折り方

チューリップ①

1 折りすじをつける。

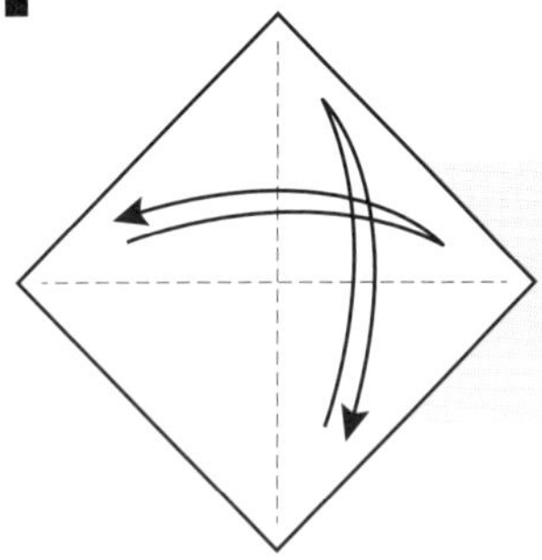

2 下の角を中心に合わせて折り上げる。

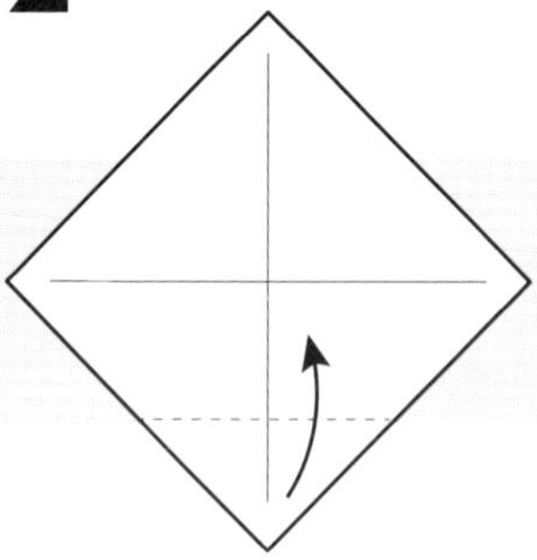

3 図のように中心の折りすじで折り上げる。

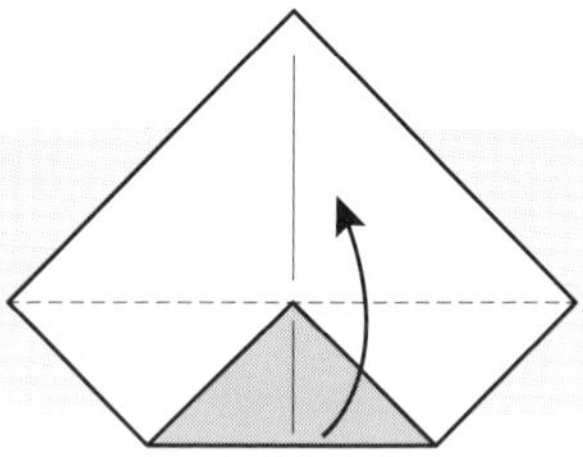

9 点線の位置で折る。

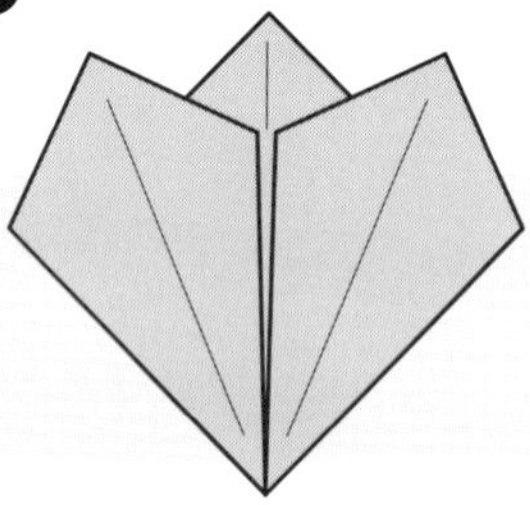

8 折ったところ。これを裏返す。

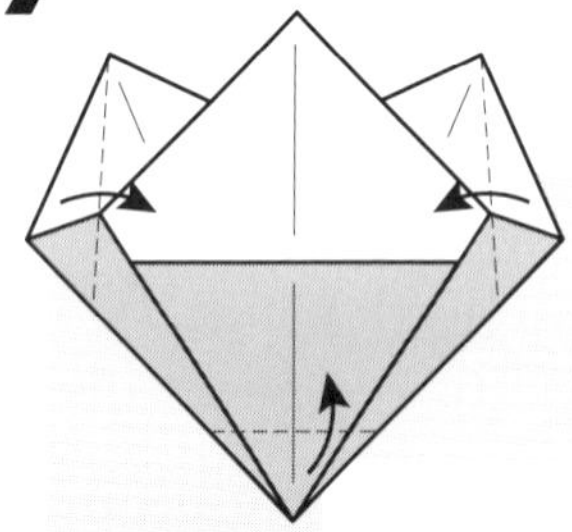

10
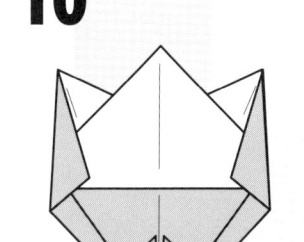
折ったところ。これを裏返す。

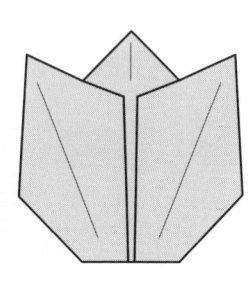
できあがり！

4月

難しさ
★★☆☆☆

4

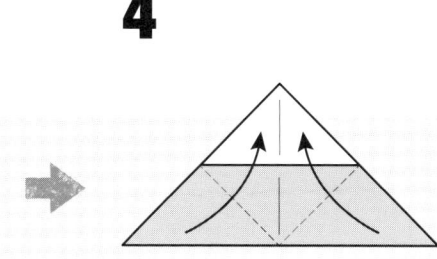

左右の角を折り上げる。

5

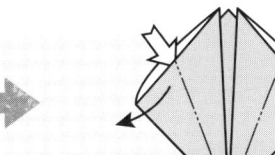

手前側のすき間を
それぞれひらき、
⑥の形になるように折る。

7

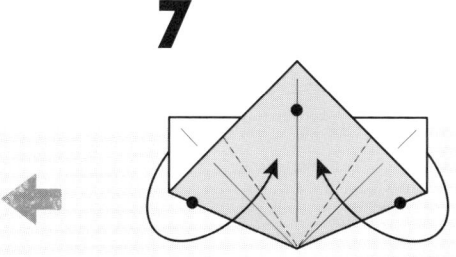

裏側を引き出しながら、
丸印を合わせるように折る。

6

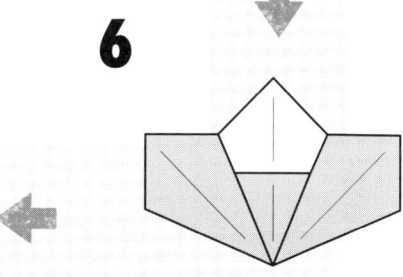

折ったところ。
これを裏返す。

4月

ポイント＆アドバイス

さまざまな色のチューリップをつくってみましょう。グラデーションのおりがみでつくってみるとよいでしょう！

葉①

難しさ
★☆☆☆☆

4月

1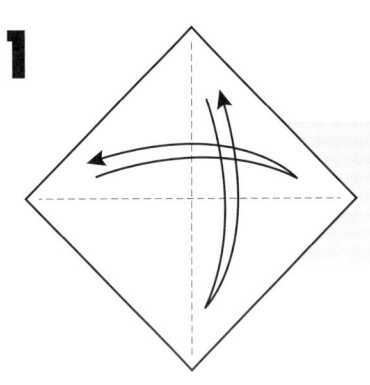
折りすじをつける。

2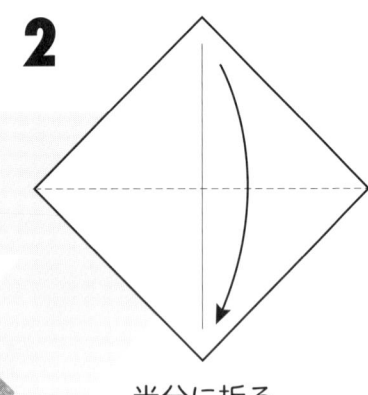
半分に折る。

3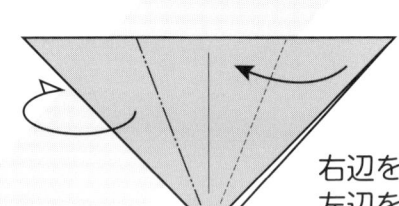
右辺を中心に合わせて手前に、左辺を裏側に折る。

4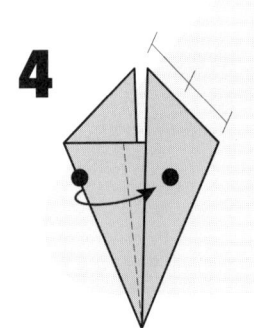
裏側を引き出しながら、丸印を合わせるように左側を折る。

5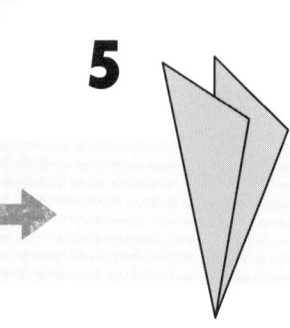
葉の完成。

できあがり！
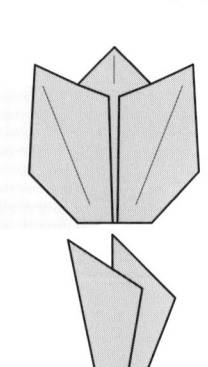

チョウ①

難しさ
★☆☆☆☆

1 折りすじをつける。

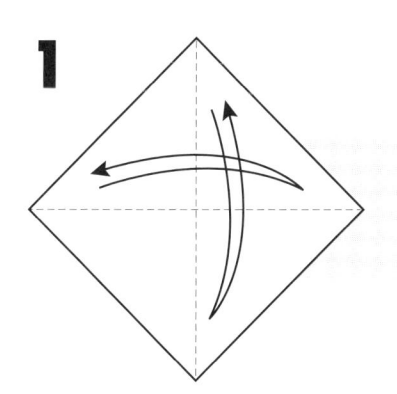

2 半分に折る。

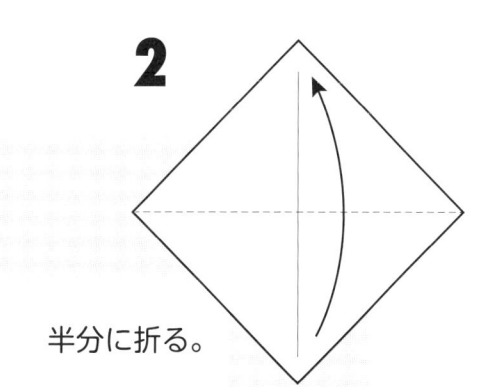

3 左右の角を中心に合わせて折る。

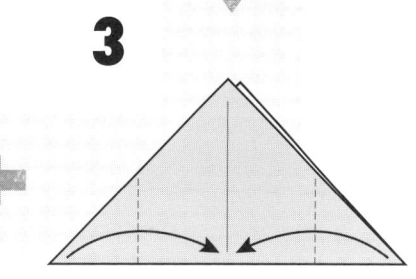

4 図のように点線の位置で裏側に山折りにする。

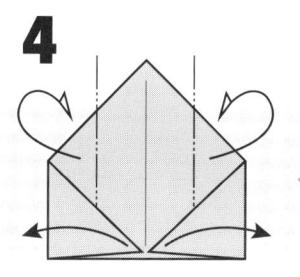

5 下にある左右の角をそれぞれ点線の位置で裏側に折る。

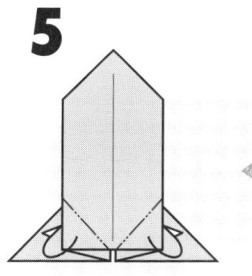

6 折ったところ。これでチョウの半分ができあがり。

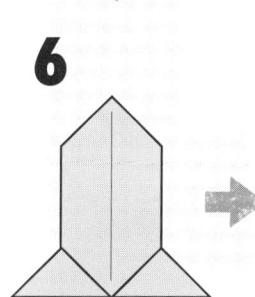

7 ⑥の羽を2枚つくる。それを図のように組合わせ、貼る。

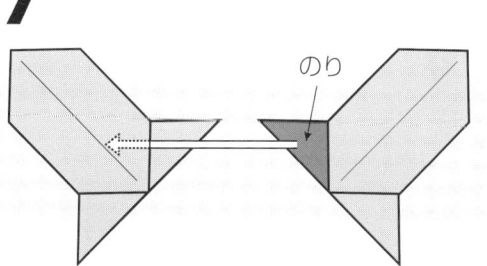

のり

できあがり！

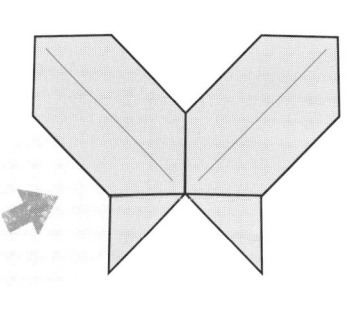

4月

チューリップ②

難しさ
★★☆☆☆

1 折りすじをつける。

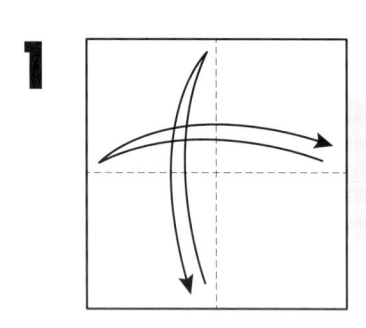

2 点線に合わせてそれぞれ内側に折る。

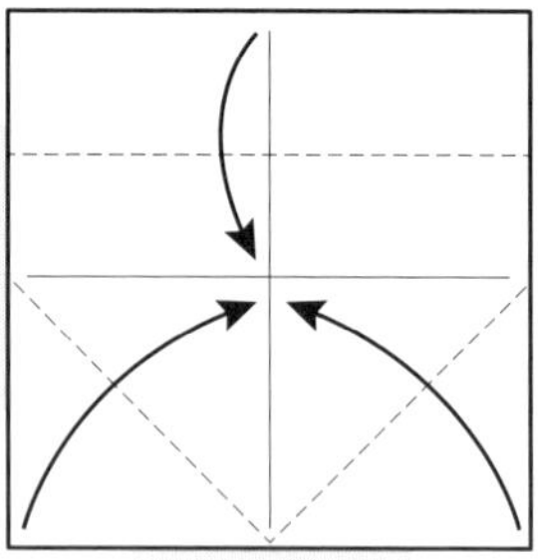

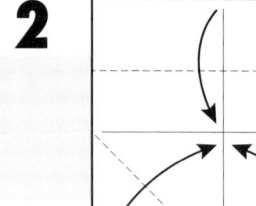

3 下の角を折り上げる。

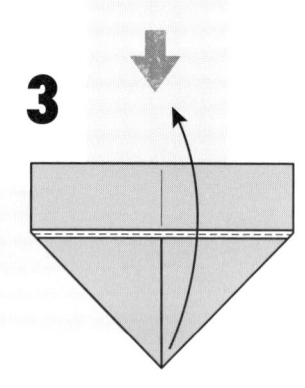

4 矢印の方向へ折り上げる。

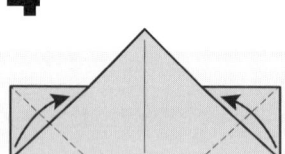

5 さらに丸印が合うように折り上げる。

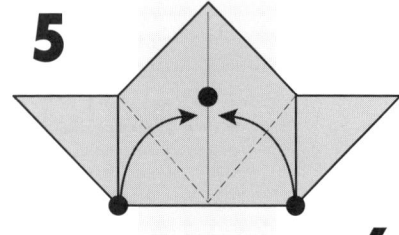

6 点線の位置で裏側に折る。

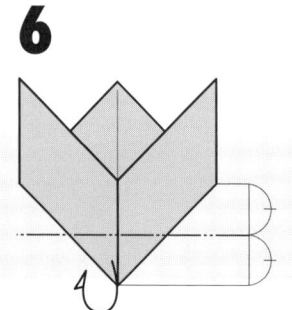

できあがり！

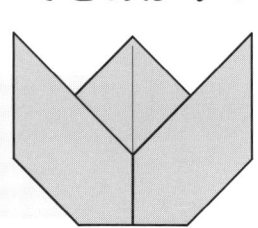

4月

葉②

難しさ
★☆☆☆☆

1 折りすじをつける。

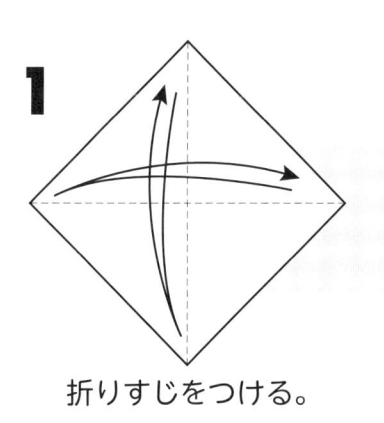

2 中心に合わせて、上下の角を折る。

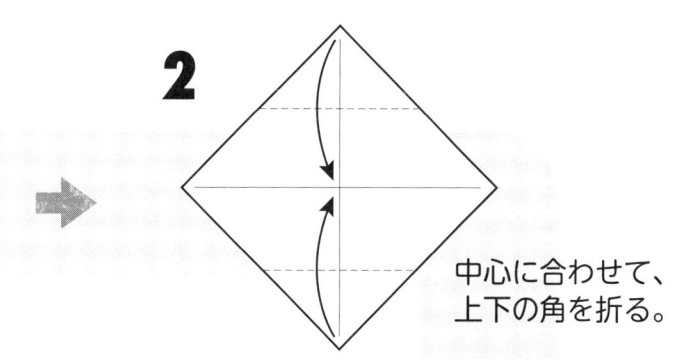

3 点線の位置でそれぞれ折る。

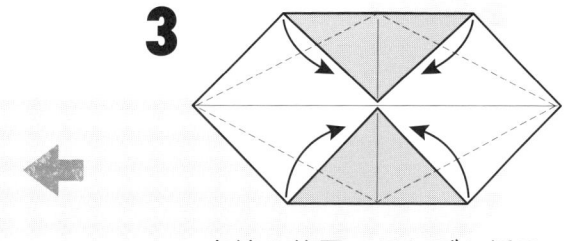

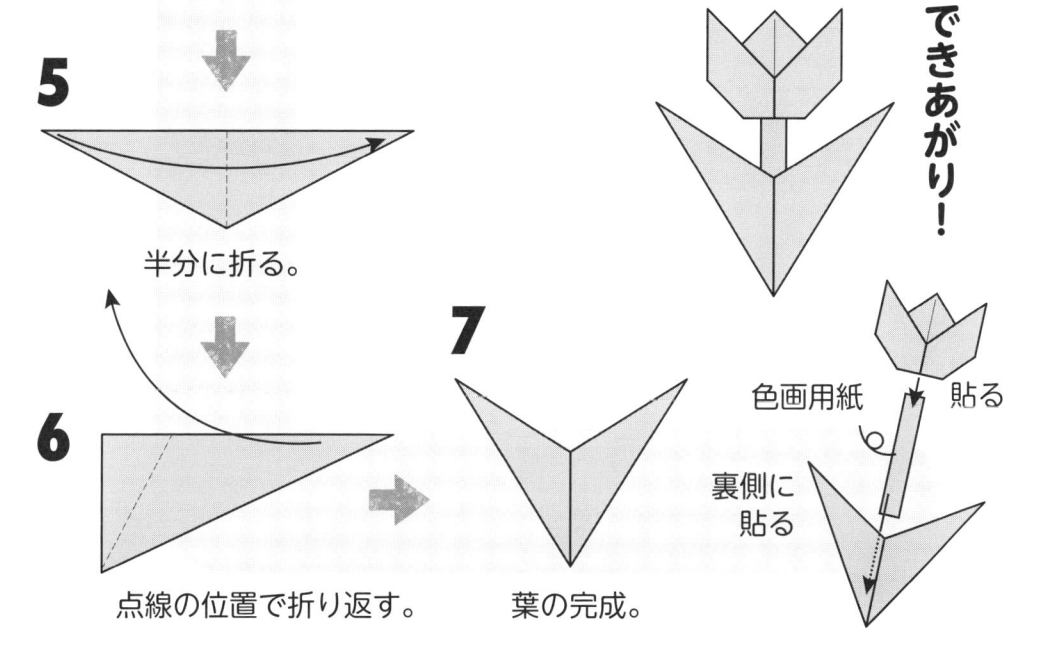

4 点線の折りすじに合わせて折り重ねる。

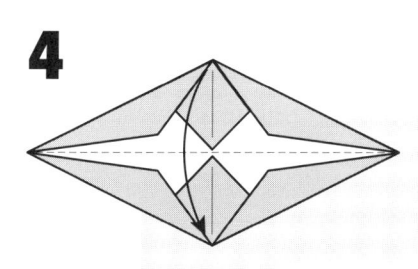

5 半分に折る。

6 点線の位置で折り返す。

7 葉の完成。

4月

できあがり！

色画用紙　貼る

裏側に貼る

鯉のぼり

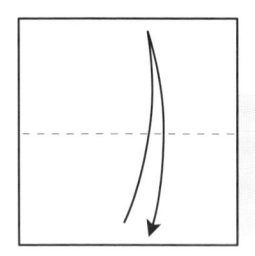

難しさ
★☆☆☆☆

1
折りすじをつける。

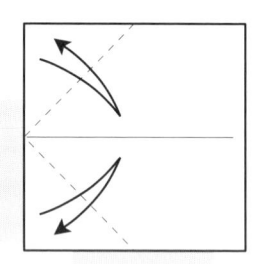

2
左にある2つの角をそれぞれ中心に合わせて折りすじをつけ、裏返す。

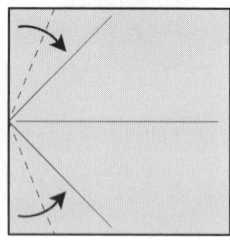

3
図のように②の折りすじに合わせて折る。

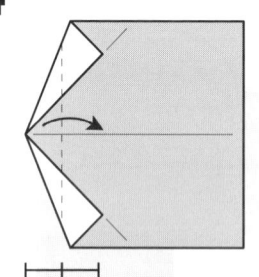

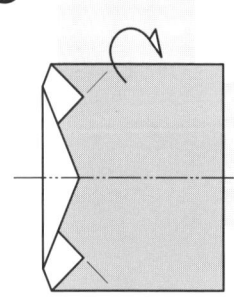

4
左の角を点線の位置で折る。

5
中心の折りすじに合わせて半分に山折りにする。

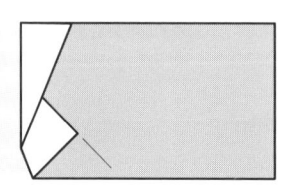

できあがり！

折ったところ。
ペンやシールを使って、目やうろこを描きましょう。

5月

かぶと（伝承作品）

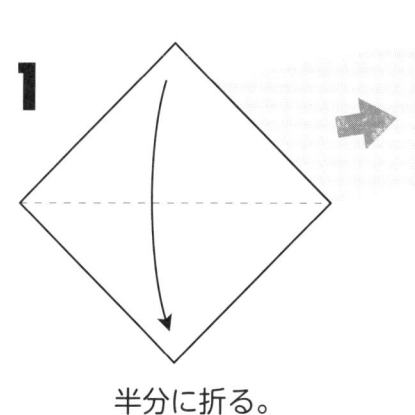

難しさ
★☆☆☆☆

1 半分に折る。

2 折りすじをつける。

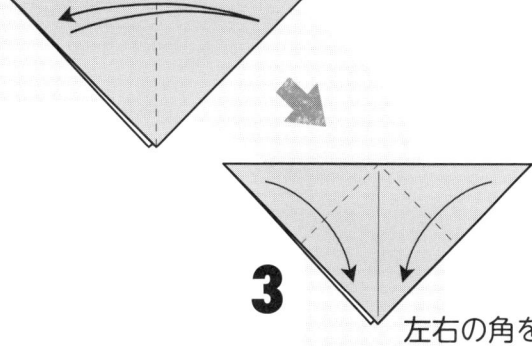

3 左右の角を中心に合わせて折り下げる。

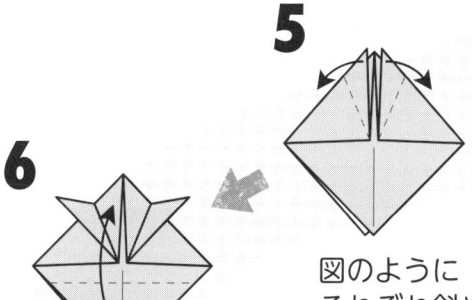

4 手前側にある紙だけを中心に合わせて折り上げる。

5 図のようにそれぞれ斜めにひらく。

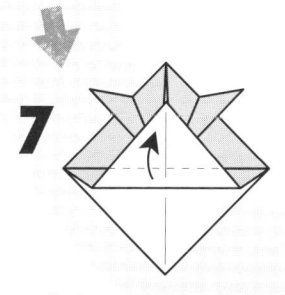

6 点線の位置で上の1枚を折り上げる。

7 さらに点線の位置でもう一度折る。

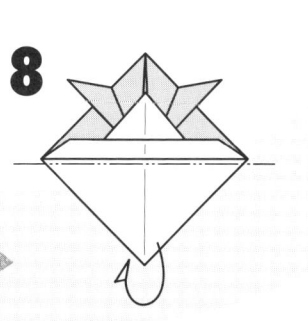

8 残った1枚は裏側に折る。

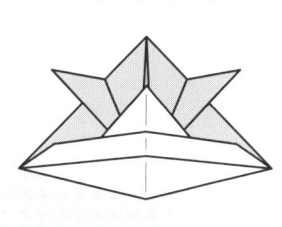

できあがり！

ふきながし

難しさ
★☆☆☆☆

1 折りすじをつける。

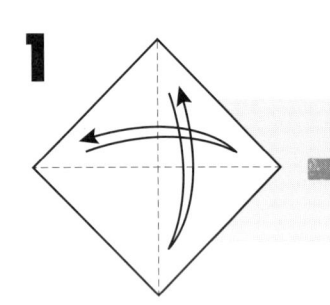

2 中心に合わせて上下の角を折って、折りすじをつける。

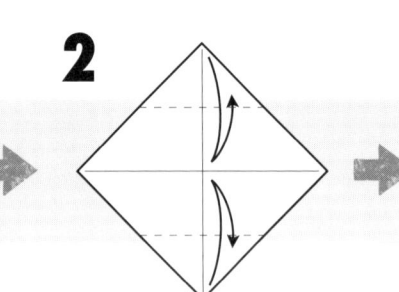

3 上下の角をそれぞれ点線の位置で巻くように折る。

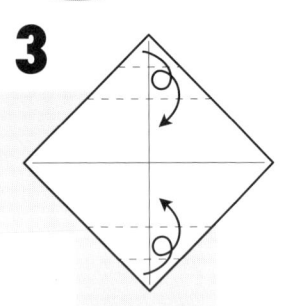

4 上下の辺を中心に合わせて折り、折りすじをつける。

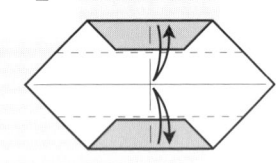

5 さらに上下の辺を点線の位置で巻くように折る。

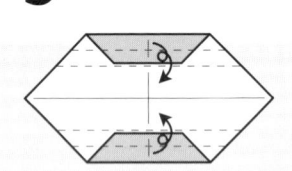

6 左の角を点線の位置で折る。

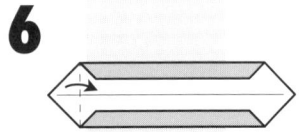

7 左にある上下の角を図の位置で裏側に折る。

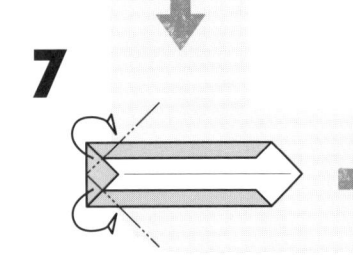

8 左の角を少しだけ裏側に折る。

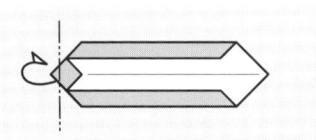

できあがり！ 折ったところ。これで完成。

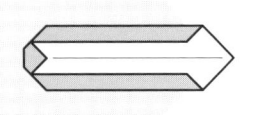

5月

アレンジをしてみよう

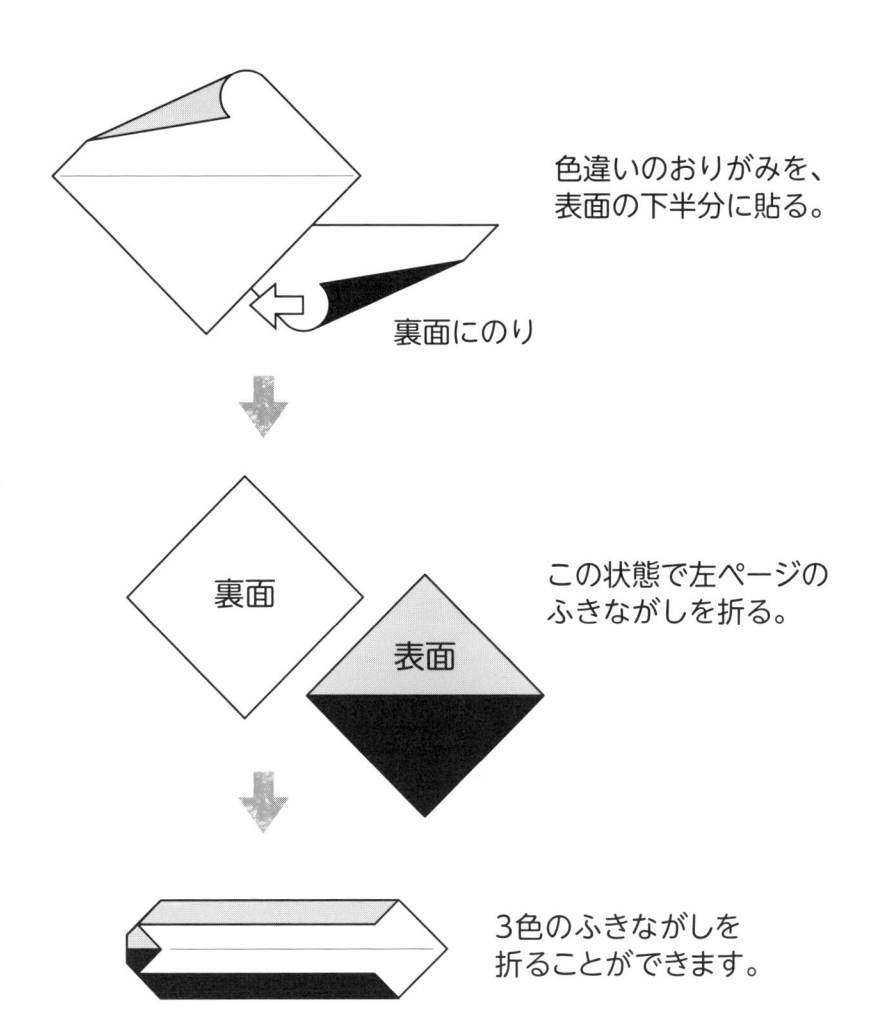

色違いのおりがみを、表面の下半分に貼る。

裏面にのり

この状態で左ページのふきながしを折る。

3色のふきながしを折ることができます。

さらに アレンジをしてみよう

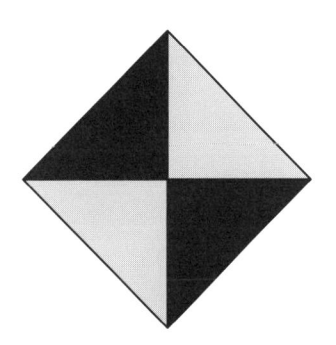

P.10のふきながしは2枚の色の違うおりがみをこのように貼っているよ。

5月

あやめ

難しさ
★☆☆☆☆

5月

1 半分に折る。

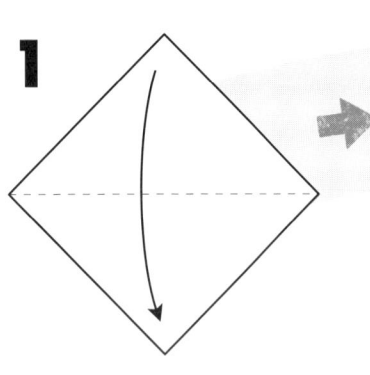

2 折りすじをつける。

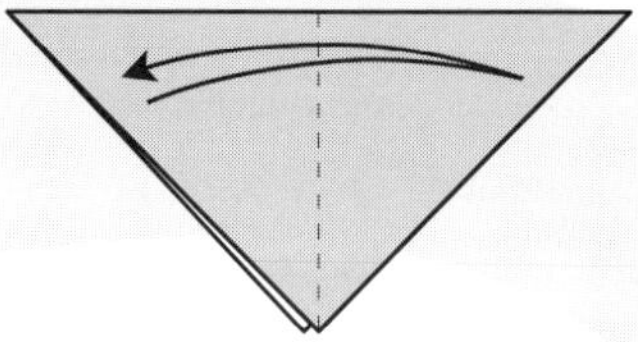

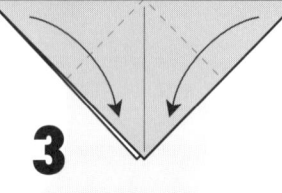

3 左右の角を中心に合わせて折り下げる。

4 折ったところ。これを裏返す。

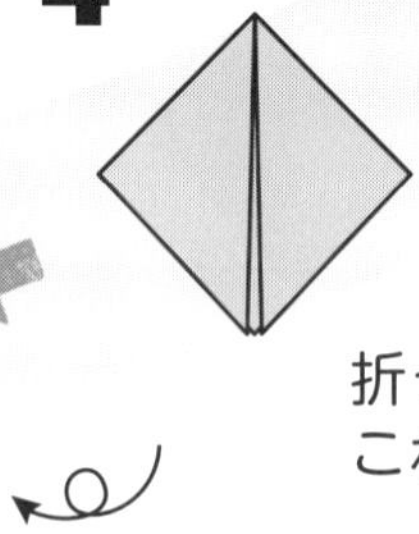

5 裏側を引き出しながら折る。

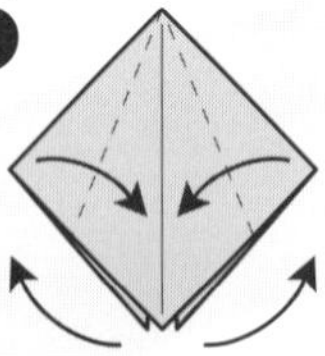

6 点線の位置で折り下げる。

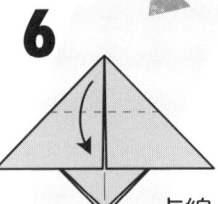

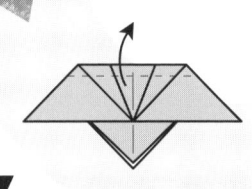

7 少し残して折り返す。

8 裏返す。

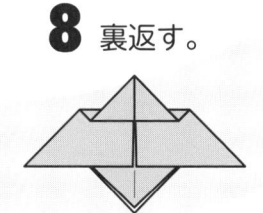

できあがり！

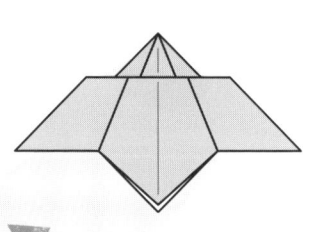

小鳥

難しさ
★★☆☆☆

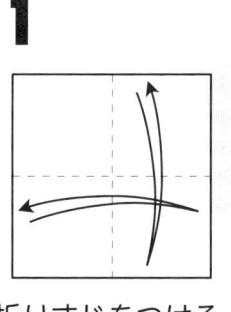

1 折りすじをつける。

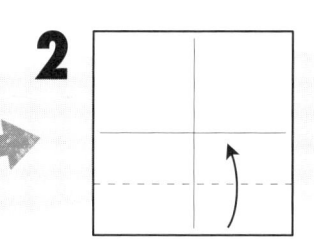

2 図のように中心に合わせて折る。

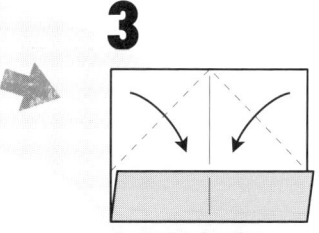

3 点線の位置で折り下げる。

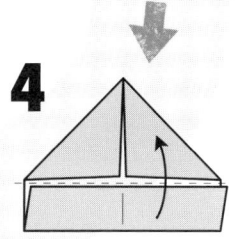

4 図のように中心の折りすじで折り上げる。

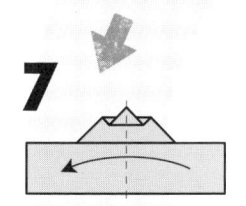

5 点線の位置で折り下げる。

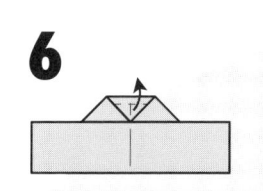

6 点線の位置で折り返す。

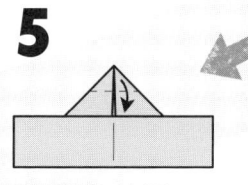

7 中心に合わせて半分に折り重ね、⑧の向きにする。

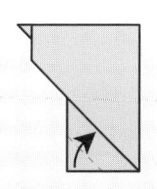

8 図のように下の角を折る。後ろ側も同様に折る。

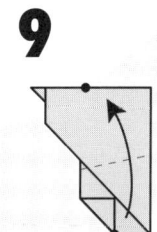

9 丸印を合わせるように手前下側を折り上げる。後ろ側も同様に折り上げる。

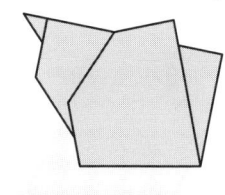

できあがり！

5月

バラ

6月

花

1 折りすじをつける。

2 4つの角を中心に合わせて折る。

3 さらに中心に合わせて折る。

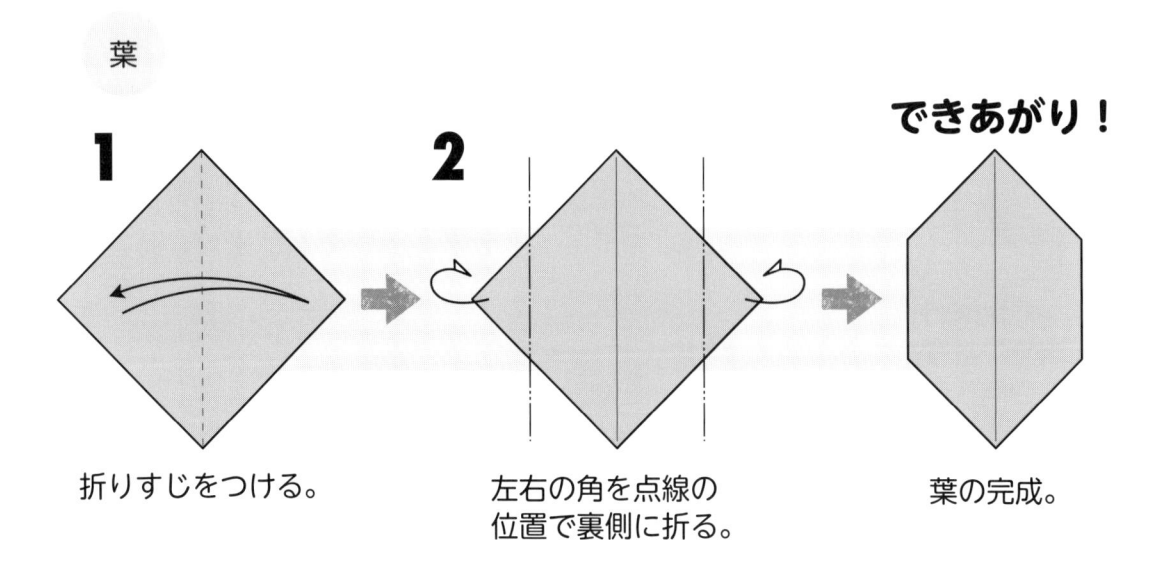

葉

1 折りすじをつける。

2 左右の角を点線の位置で裏側に折る。

できあがり！ 葉の完成。

難しさ
★★★☆☆

4

図のように点線の位置に折りすじをつける。

5

それぞれ点線の位置で2回巻くように折る。

6

4つの角を中心に合わせて折り、折りすじをつける。

7

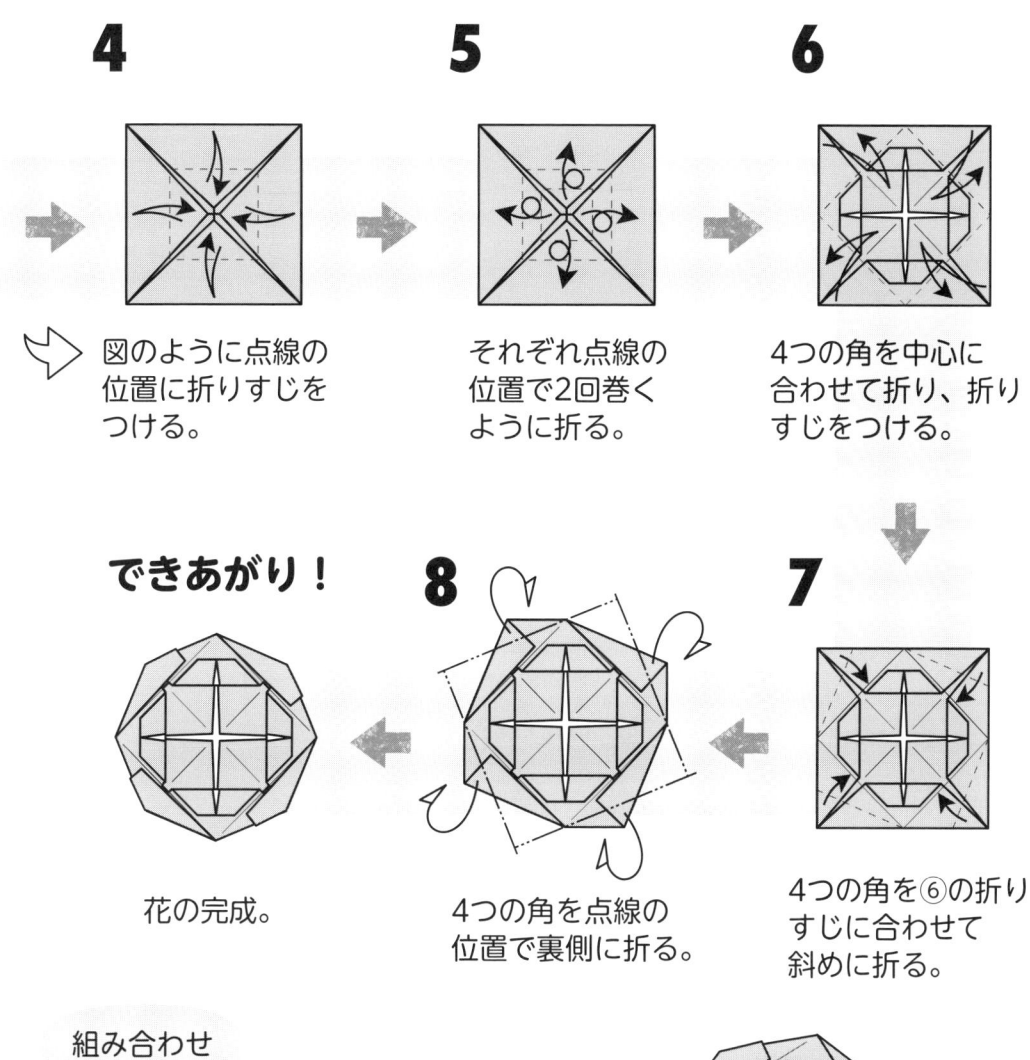

4つの角を⑥の折りすじに合わせて斜めに折る。

8

4つの角を点線の位置で裏側に折る。

できあがり！

花の完成。

6月

組み合わせ

葉を組み合わせれば完成。
4分の1のサイズの花を中心に貼ると、
華やかなバラになります。
葉は小さいおりがみを使用すると
よいでしょう。

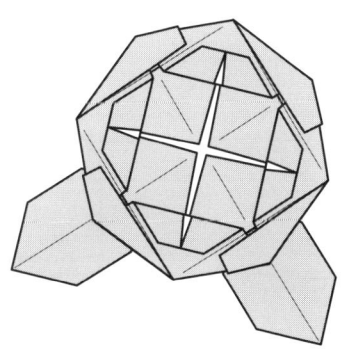

47

小魚（メダカ）

難しさ
★☆☆☆☆

6月

1 折りすじをつける。

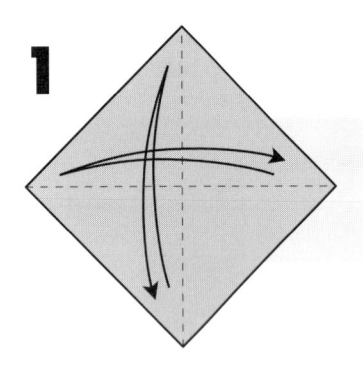

2 左の角を中心に合わせて折る。

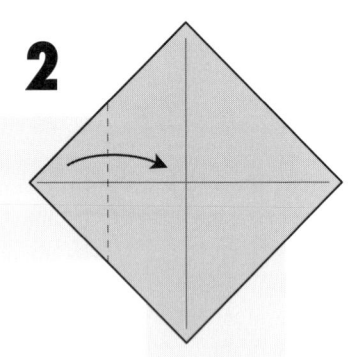

3 折ったところ。これを裏返す。

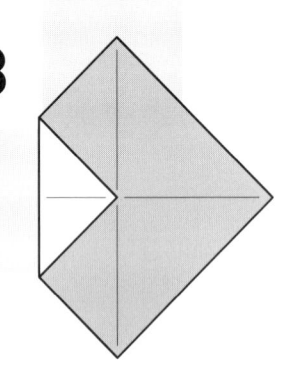

4 上下の角を中心に合わせて折る。

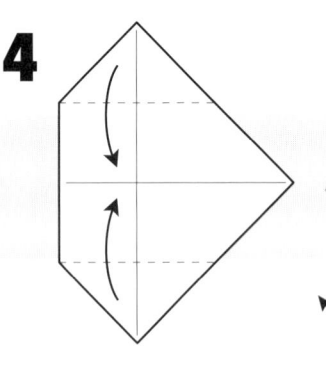

5 上下の辺を中心に合わせて折る。

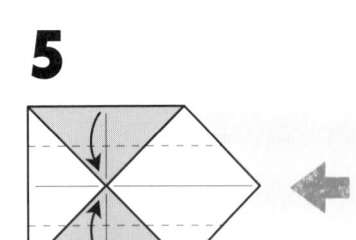

6 図のように中心に合わせてそれぞれ折る。

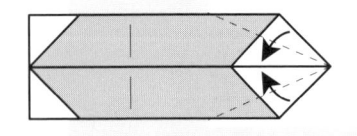

7 中心の折りすじに合わせて上側と下側を重ねる。

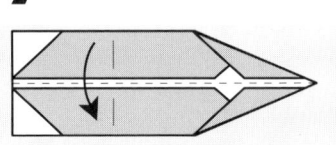

できあがり！
かく。

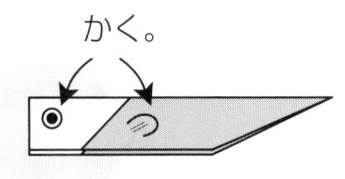

あじさい

難しさ ★☆☆☆☆

1 半分に折る。

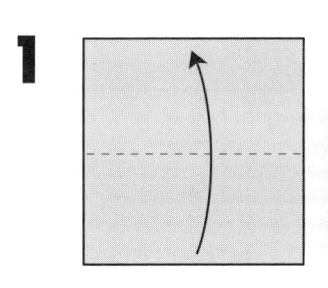

2 図のように上にある1枚を折り下げる。

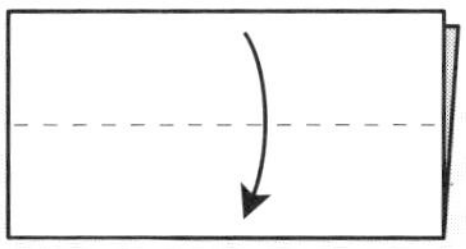

3 折ったところ。これを裏返す。

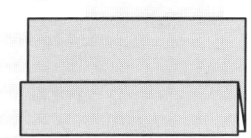

4 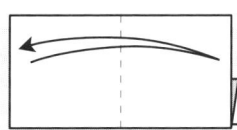 半分に折り、折りすじをつける。

5 左右の辺を中心に合わせて折る。

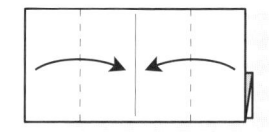

できあがり！

あじさいの花がひとつできあがり。

ポイント＆アドバイス

黄色いシールで真ん中をとめましょう。あじさいはカンタンなので大勢でたくさんつくりましょう。

6月

てるてるぼうず

1 折りすじをつける。

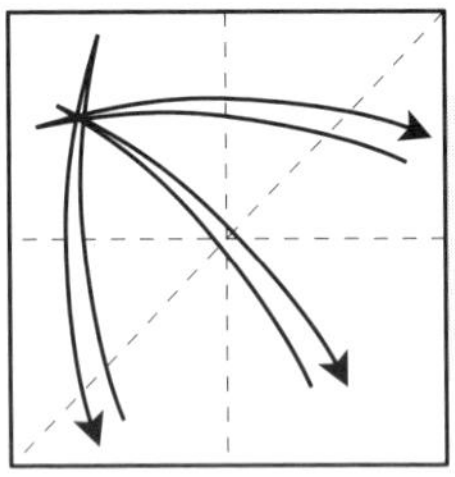

2 図のように中心に合わせて折る。

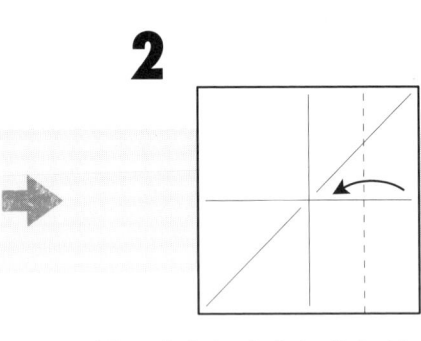

8 角を折る。

7 ⑧の形になるように矢印の方向に折る。

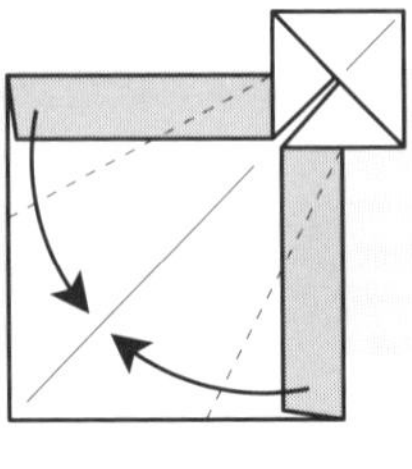

9 折ったところ。これを裏返す。

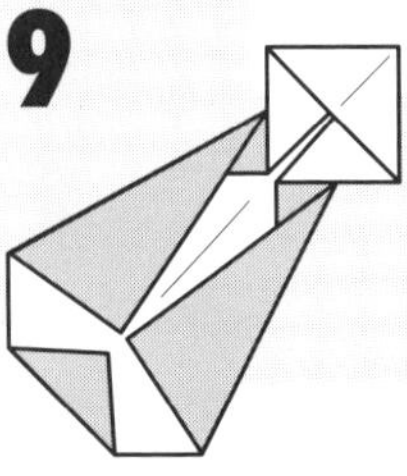

10

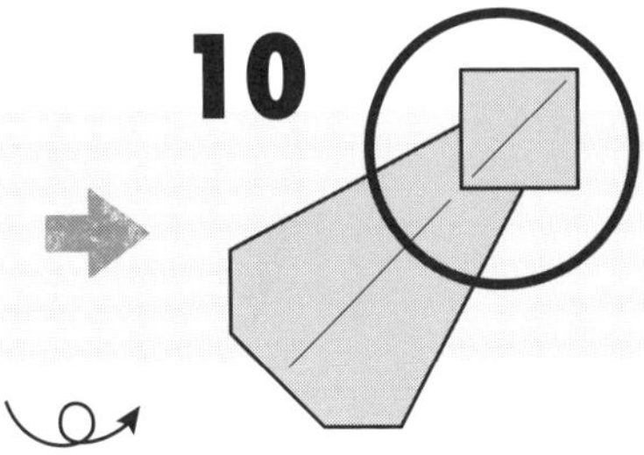

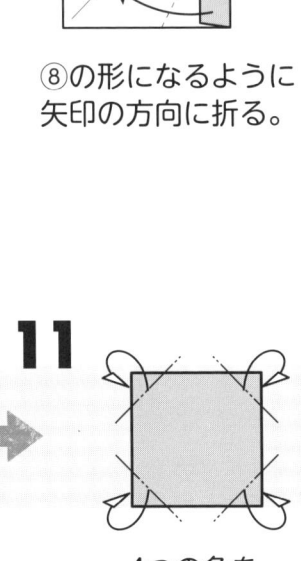

11 4つの角を裏側に折る。

6月

難しさ
★★★☆☆

3 ④の図になるようにひらきながら折る。

4 さらにひらいて折りたたむ。

5 裏へ回転しながら折る。

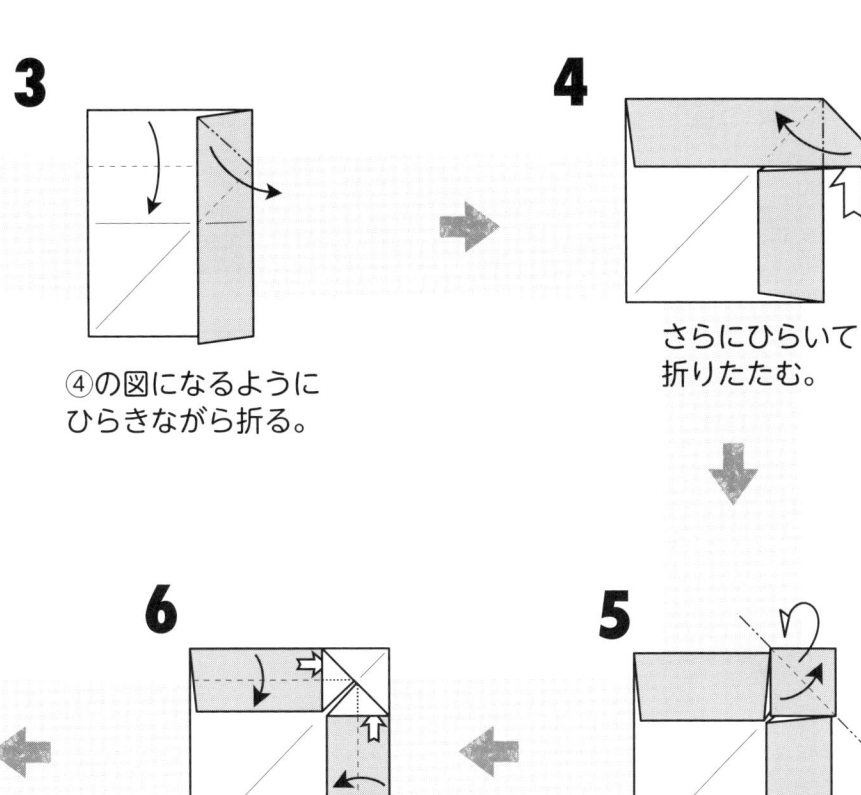

6 点線の位置で折る。すき間の内側はひねるようにして折る。

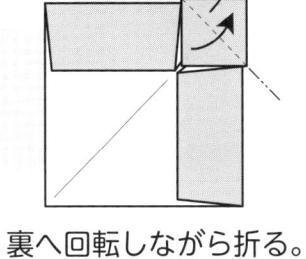

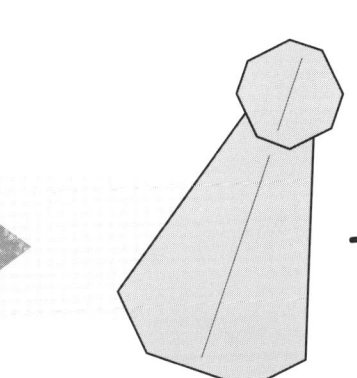

できあがり！

6月

アサガオ①

1 半分に折る。

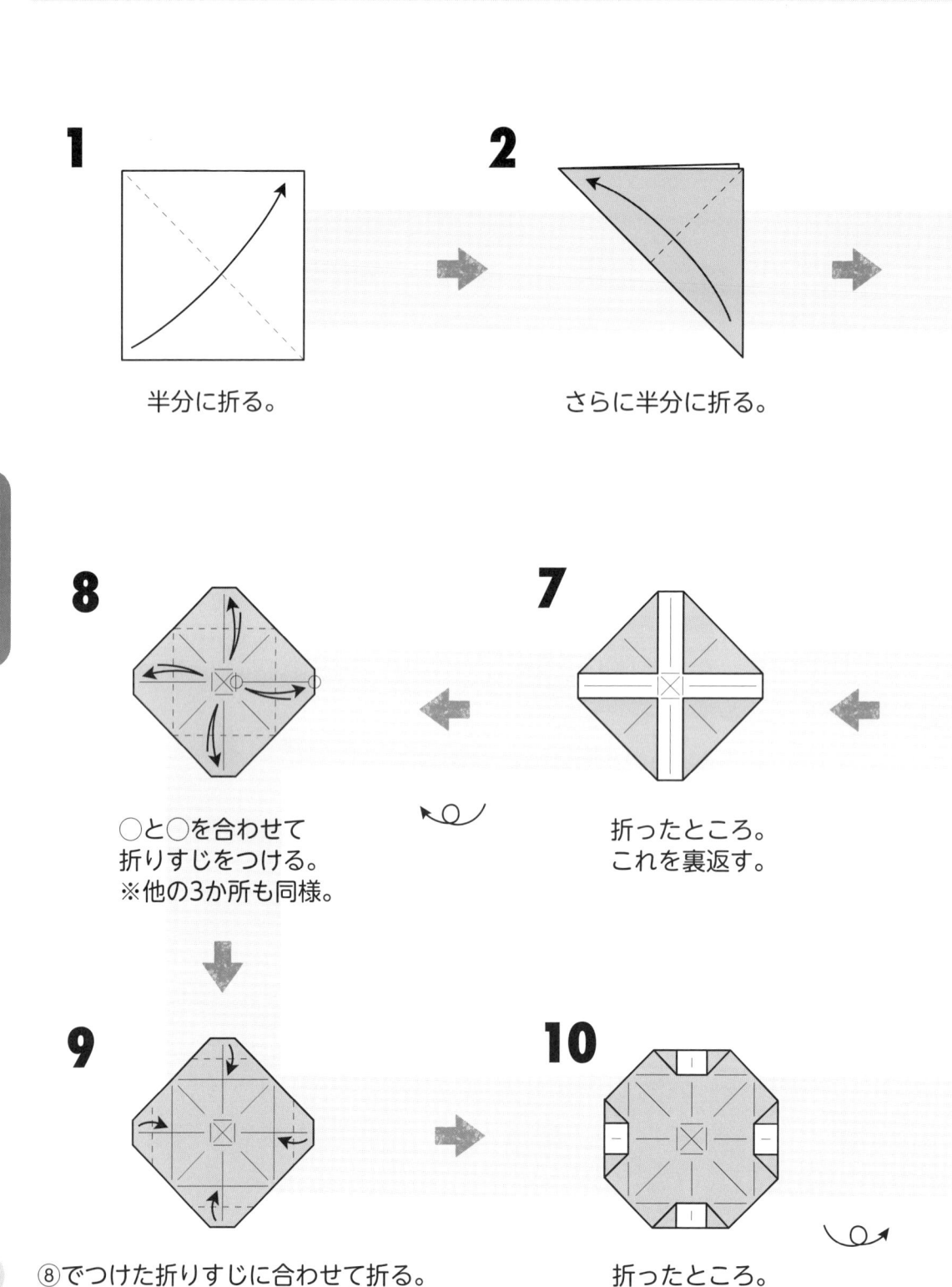

2 さらに半分に折る。

7 折ったところ。これを裏返す。

8 ○と○を合わせて折りすじをつける。
※他の3か所も同様。

9 ⑧でつけた折りすじに合わせて折る。

10 折ったところ。これを裏返す。

難しさ
★☆☆☆☆

3

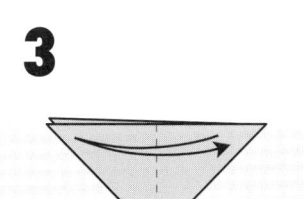

折りすじをつける。

4

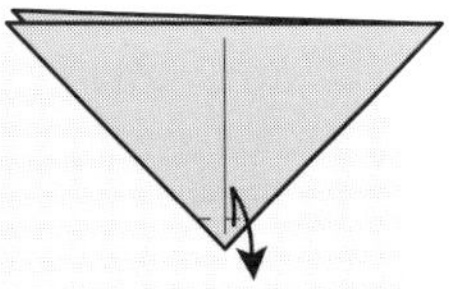

図のように折りすじをつける。

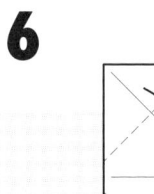

5

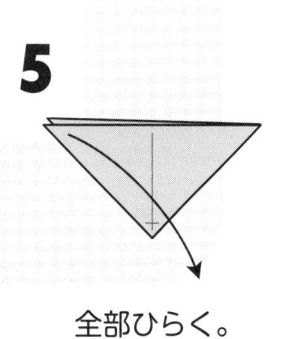

全部ひらく。

6

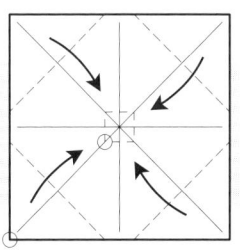

○と○を合わせて折る。
※他の3か所も同様。

できあがり！

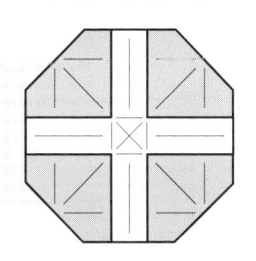

7月

アサガオの葉

1 折りすじをつける。

2 下の2つの角を中心に合わせて折る。

3 上側は裏側に折る。

7月

できあがり！

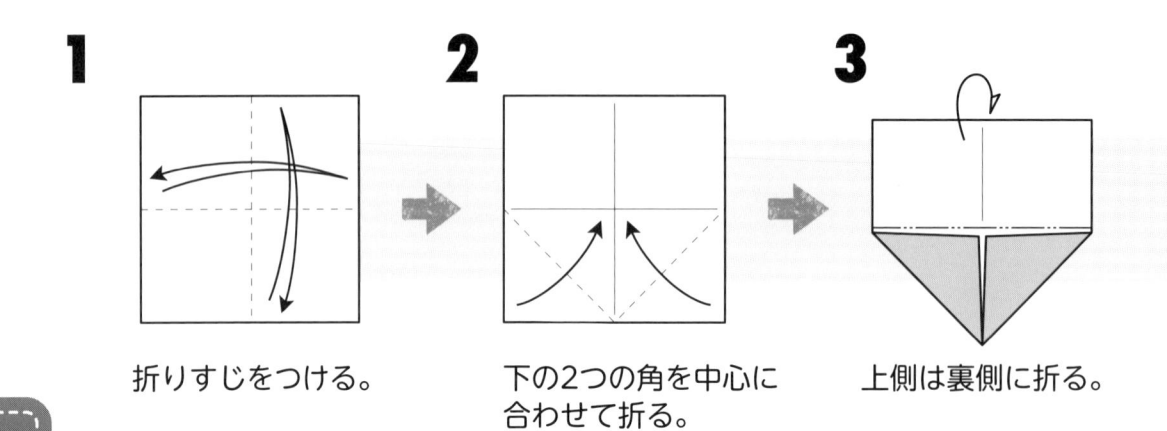

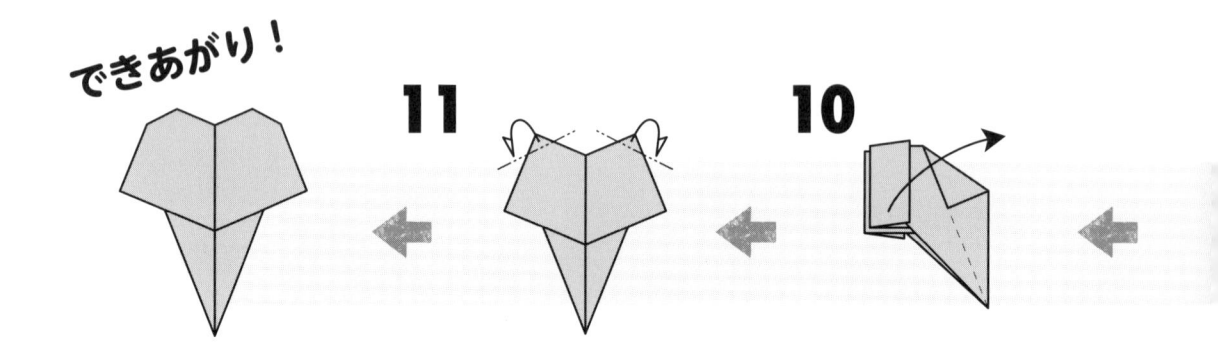

11 図のように2ヵ所を裏側に折る。

10 矢印の方向へひらく。

難しさ
★★☆☆☆

4 折ったところ。これを裏返す。

5 図のように、手前の紙1枚だけを折り上げる。

6 点線の位置で裏側に折る。

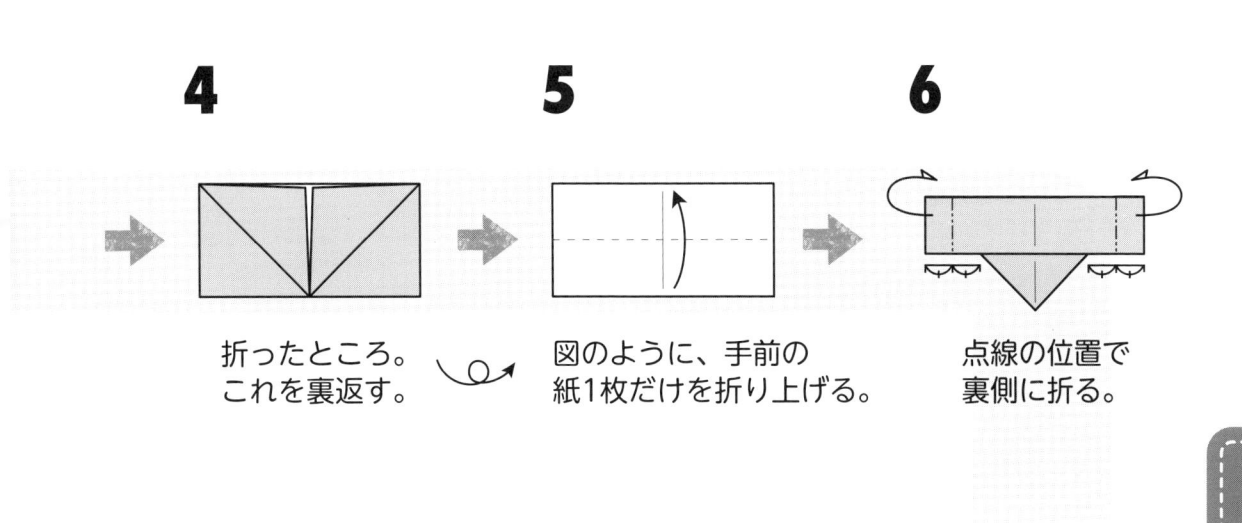

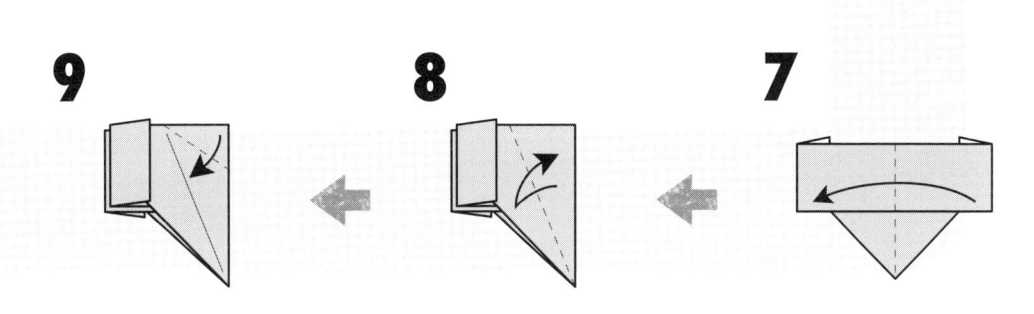

7 中心に合わせて半分に折る。

8 点線の位置で折りすじをつける。

9 折りすじに合わせて折る。

7月

アサガオ②

難しさ
★☆☆☆☆

1 折りすじをつける。

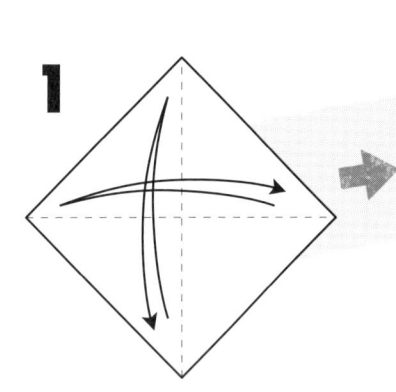

2 上と左右の角を中心に合わせて折る。

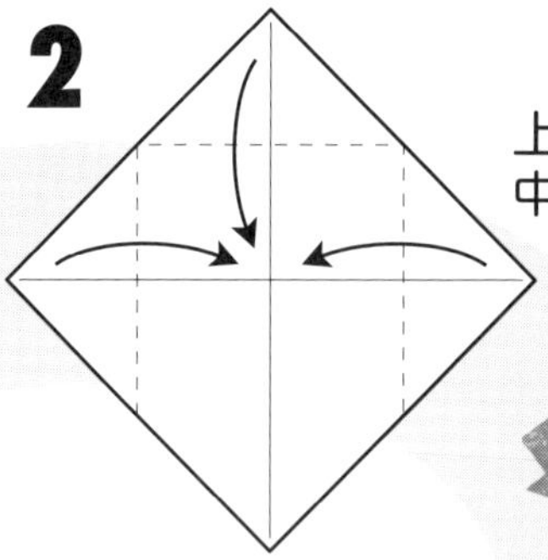

3 上の角だけ図のように折り上げる。

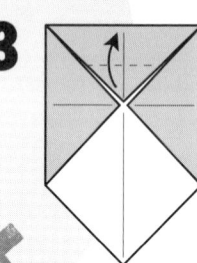

4 折ったところ。これを裏返す。

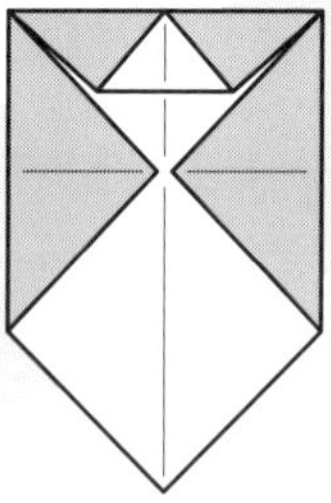

5 中心に合わせてそれぞれ折る。

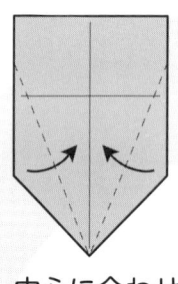

6 ①でつけた折りすじの位置で折る。

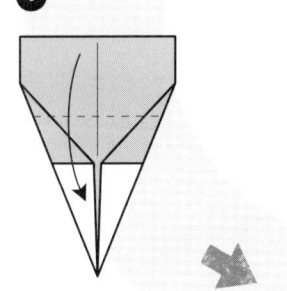

7 図のように裏側に折る。

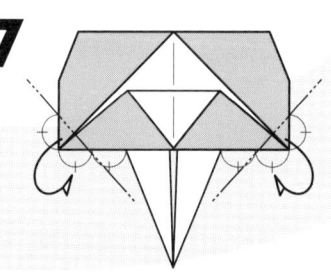

できあがり！

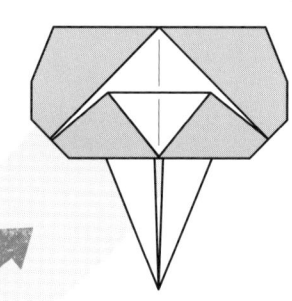

7月

アレンジをしてみよう

壁面かざりでは、おりがみを折って楽しむだけではなく、さまざまな形を切り取って、作品に貼りつけると折ったおりがみも一段と輝かしくなります。

「紋切り型」に挑戦！

「紋切り型」という方法にも挑戦してみましょう。おりがみを半分に折った状態で、ハサミで切ると左右対称の形ができますね。それを利用したものです。

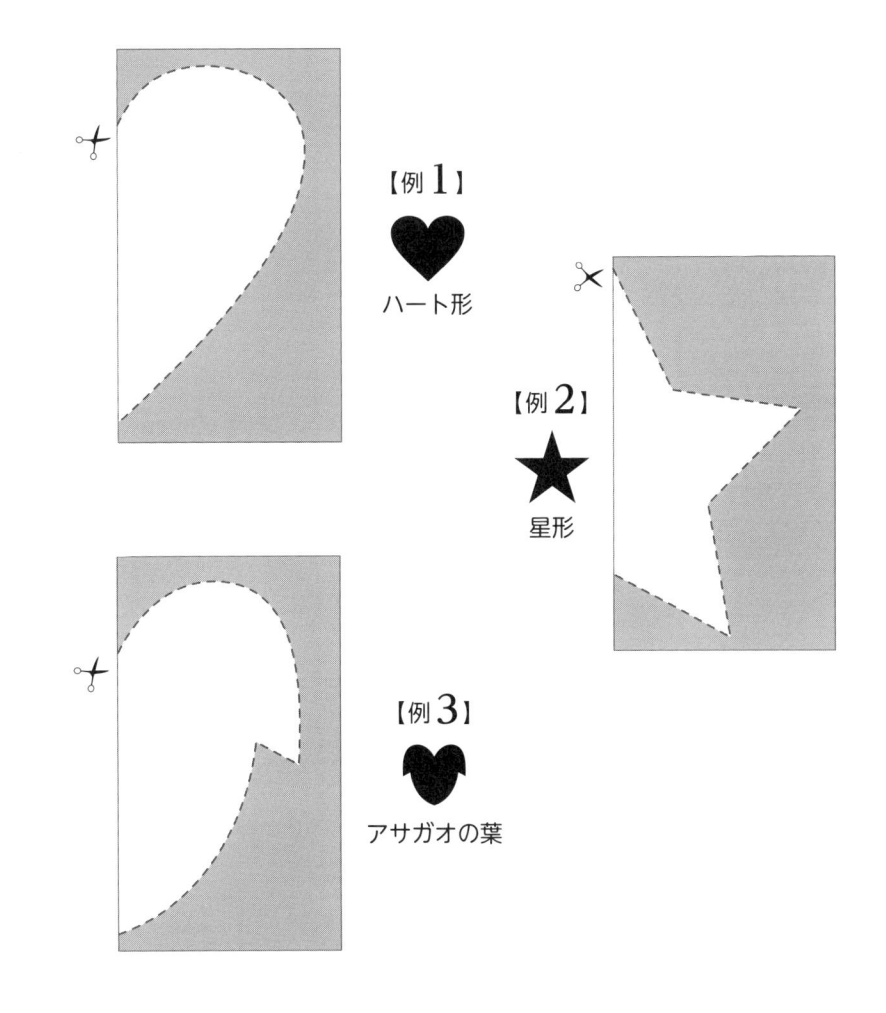

【例1】ハート形

【例2】星形

【例3】アサガオの葉

せみ（伝承作品）

難しさ
★☆☆☆☆

1 半分に折る。

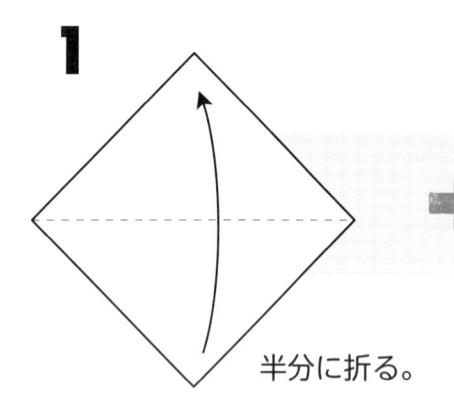

2 折りすじをつける。

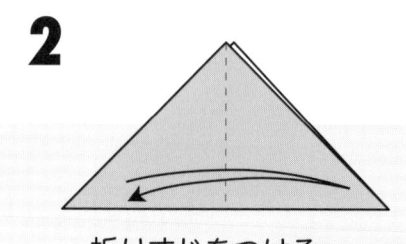

3 左右の角を折り上げる。

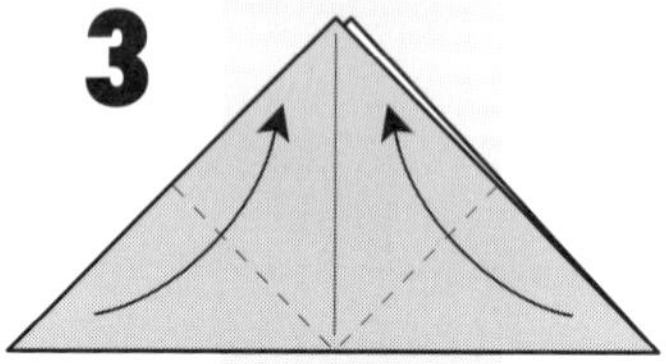

4 折り上げた2つの角を斜め下へ折る。

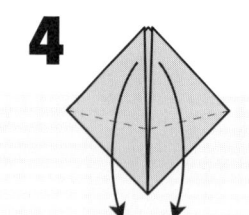

5 上の角の1枚を下へ折る。

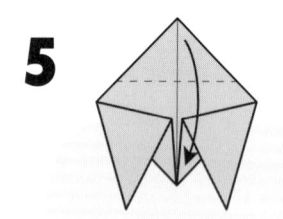

6 残った1枚をずらして下へ折る。

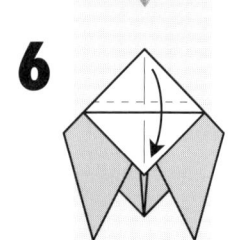

7 図のように斜めに裏側へ折る。

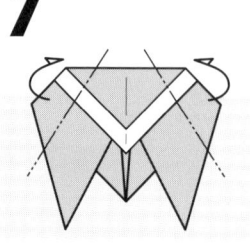

できあがり！

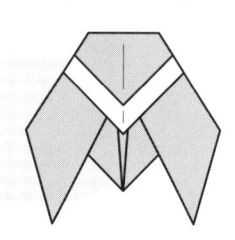

7月

太陽

難しさ
★☆☆☆☆

1 折りすじをつける。

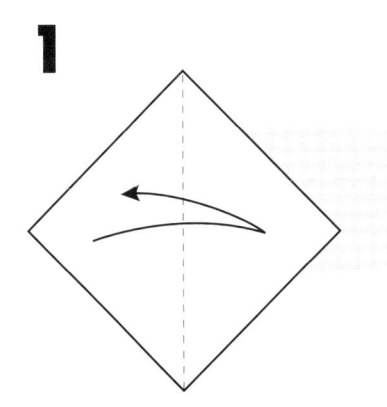

2 中心に合わせて図のように折る。

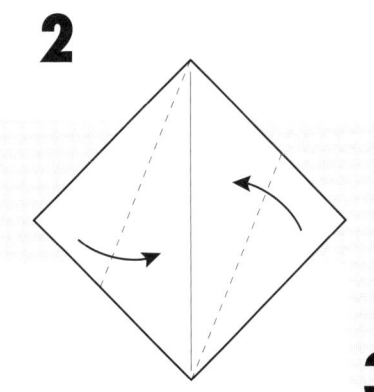

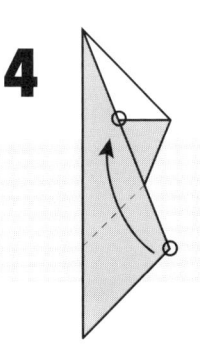

3 中央の折りすじに合わせて折る。

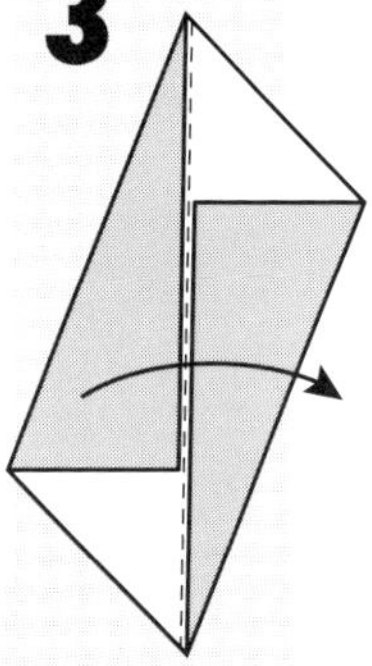

4 ○と○を合わせるように折る。

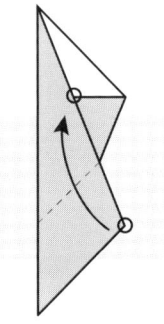

5 同じものを4つつくる。

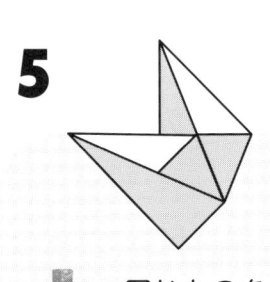

6 Aの斜線部にBをのりで貼って組み合わせる。

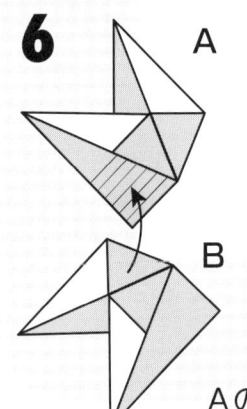

4つを貼るとできあがり

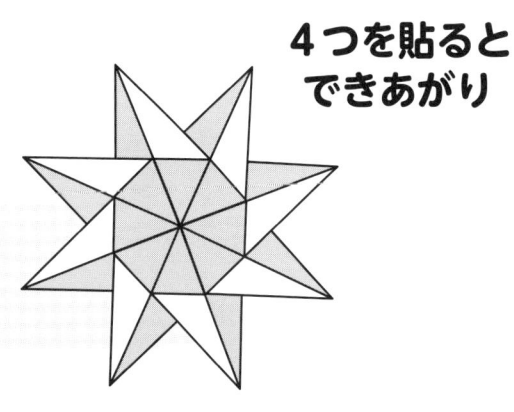

7月

ヨット

難しさ
★☆☆☆☆

1 折りすじをつける。

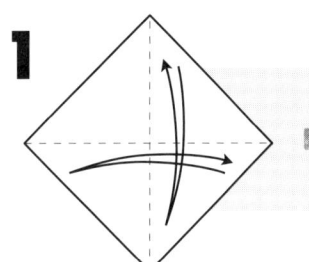

2 中心に合わせて右の角を手前に、左の角を裏側に折る。

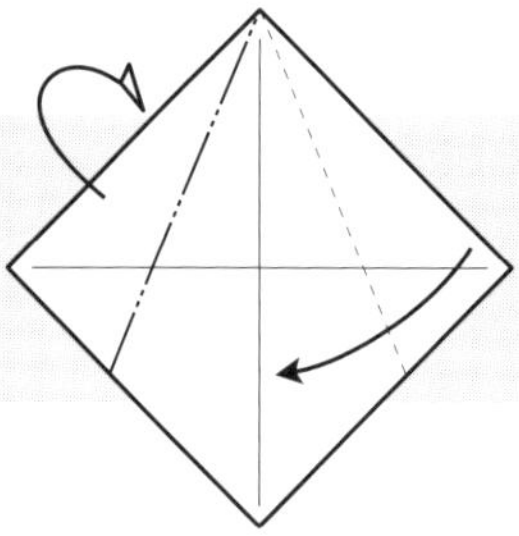

3 下の角を点線の位置で折り上げる。

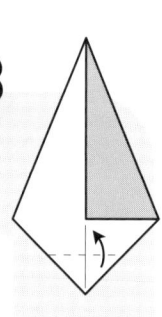

4 さらに下の辺を点線の位置で折り上げる。

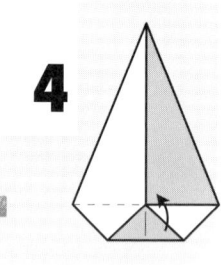

5 図のように点線の位置で裏側に折る。

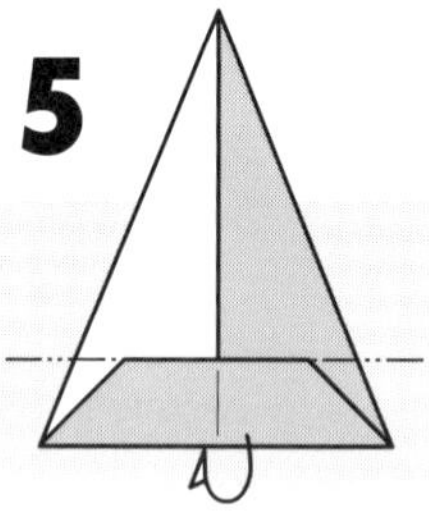

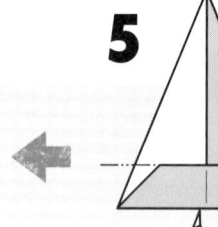

6 折ったところ。これを裏返す。

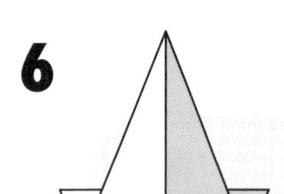

7 下の角を図の位置で裏側に折る。

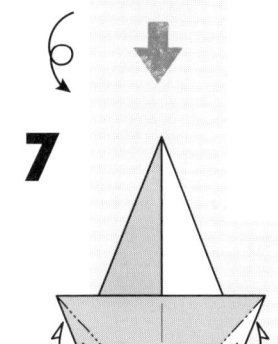

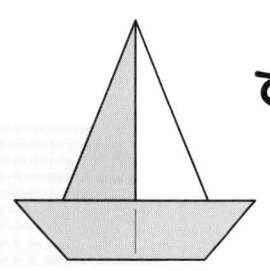

できあがり！

8月

波

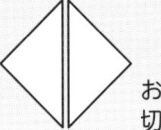

おりがみを半分に切って使います。

難しさ ★★☆☆☆

1 中心に向かって折りすじをつける。

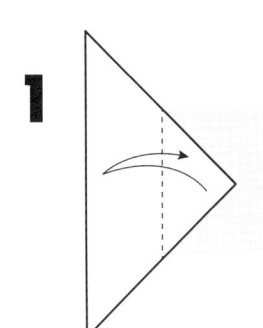

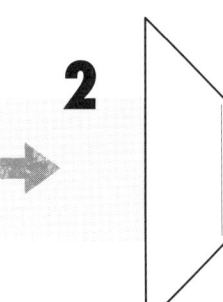

2 ①でつけた折りすじに合わせて折る。

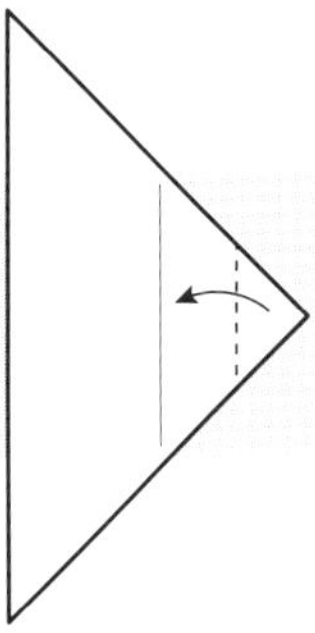

3 図のように、矢印の方向へ折り返す。

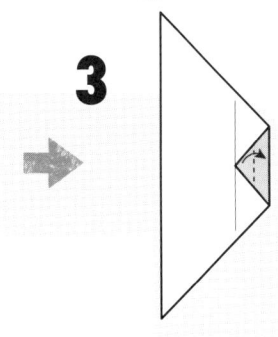

4 点線の位置で裏側に折る。

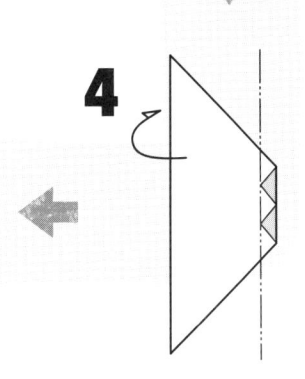

5 点線の位置で裏側に折る。⑥～⑧も同じです。

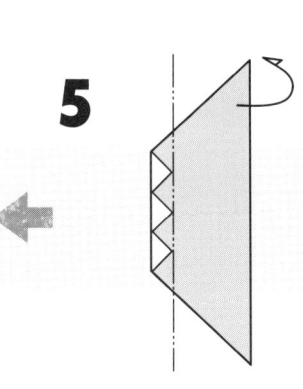

6 点線の位置で裏側に折る。

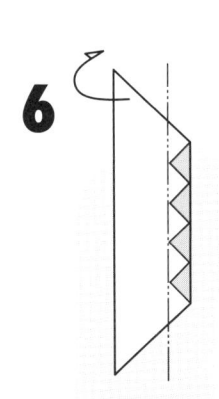

7 点線の位置で裏側に折る。

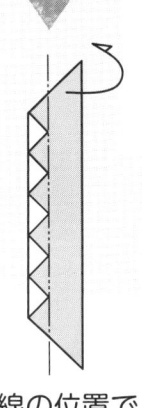

8 点線の位置で裏側に折る。

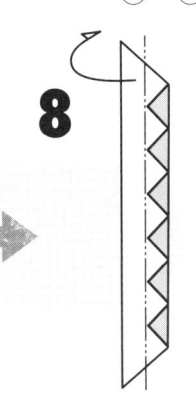

できあがり！

8月

汽船

1 折りすじをつける。

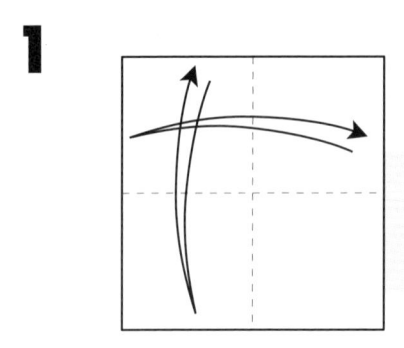

2 図のように中心に合わせて折る。

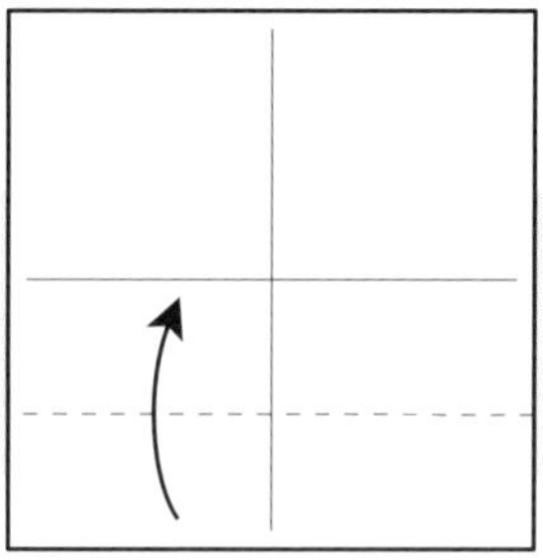

8 ⑨の図になるように引き寄せて折る。

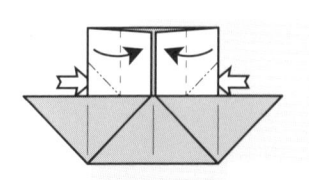

7 点線の位置で折り上げる。

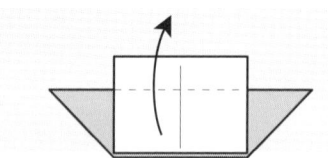

9 折ったところ。これを裏返す。

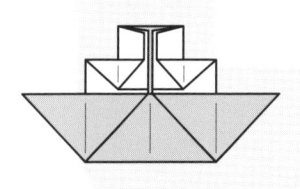

できあがり！

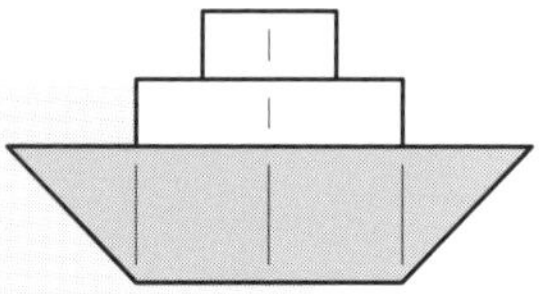

8月

難しさ
★★☆☆☆

3

折ったところ。
これを裏返す。

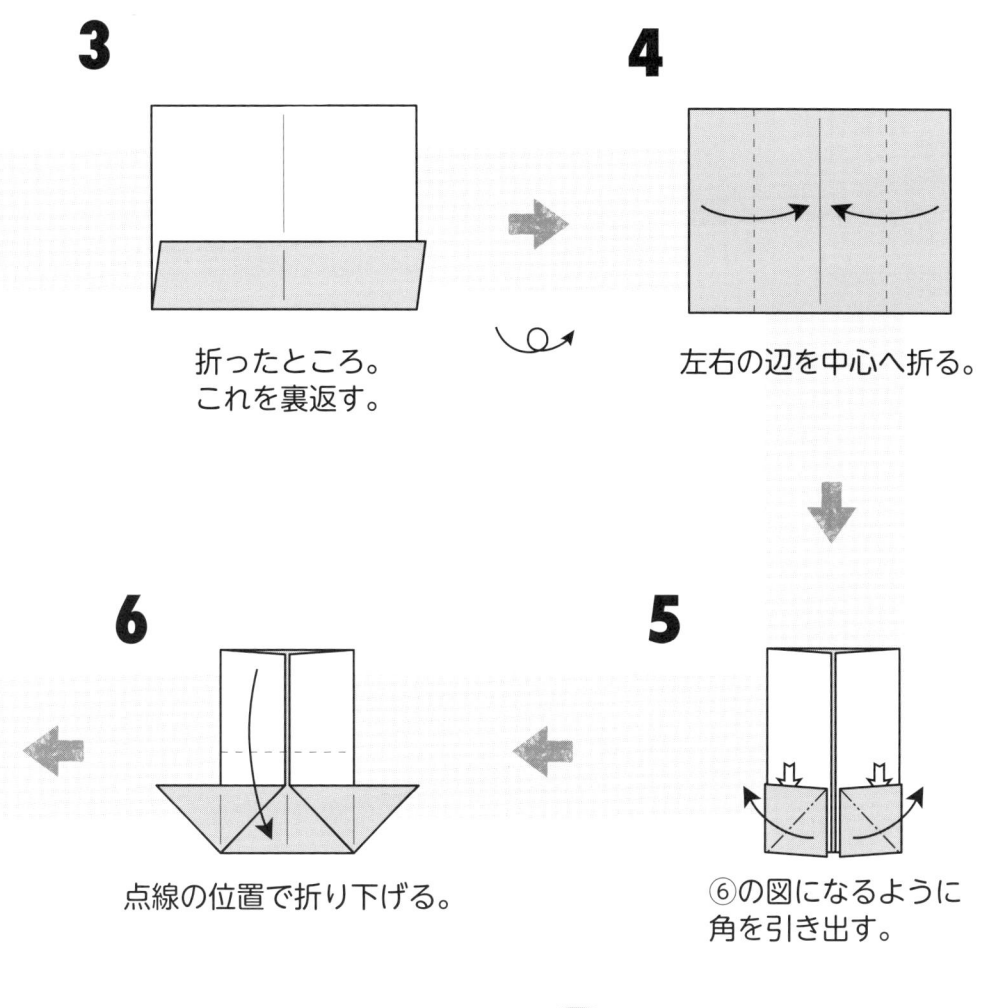

4

左右の辺を中心へ折る。

8月

6

点線の位置で折り下げる。

5

⑥の図になるように
角を引き出す。

ポイント＆アドバイス

色をぬったり
窓をかいて
みましょう！

63

魚

1 折りすじをつける。

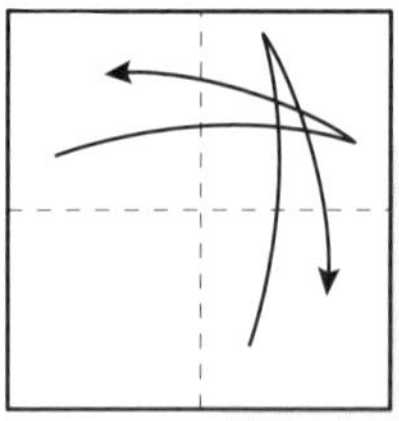

2 さらに点線の位置に折りすじをつける。

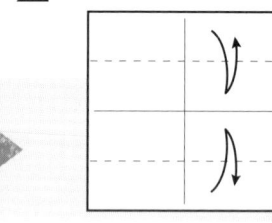

3 点線の位置で折る。

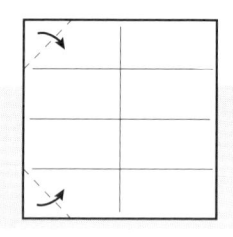

8月

10 点線の位置で折り下げる。

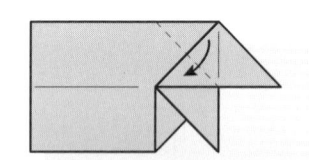

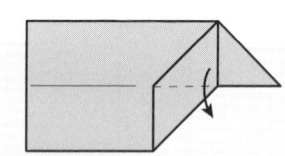

9 点線の位置で手前だけ折り下げる。

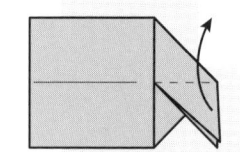

11 点線の位置で手前だけ折り上げる。

12 点線の位置で折る。

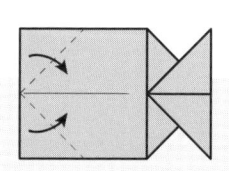

難しさ
★★☆☆☆

4 点線の位置で矢印の方向に折る。

5 点線の位置で裏側に折る。

6 折ったところ。これを裏返す。

7 矢印の方向へふくらませて折りたたむ。

8 点線の位置で折り上げる。

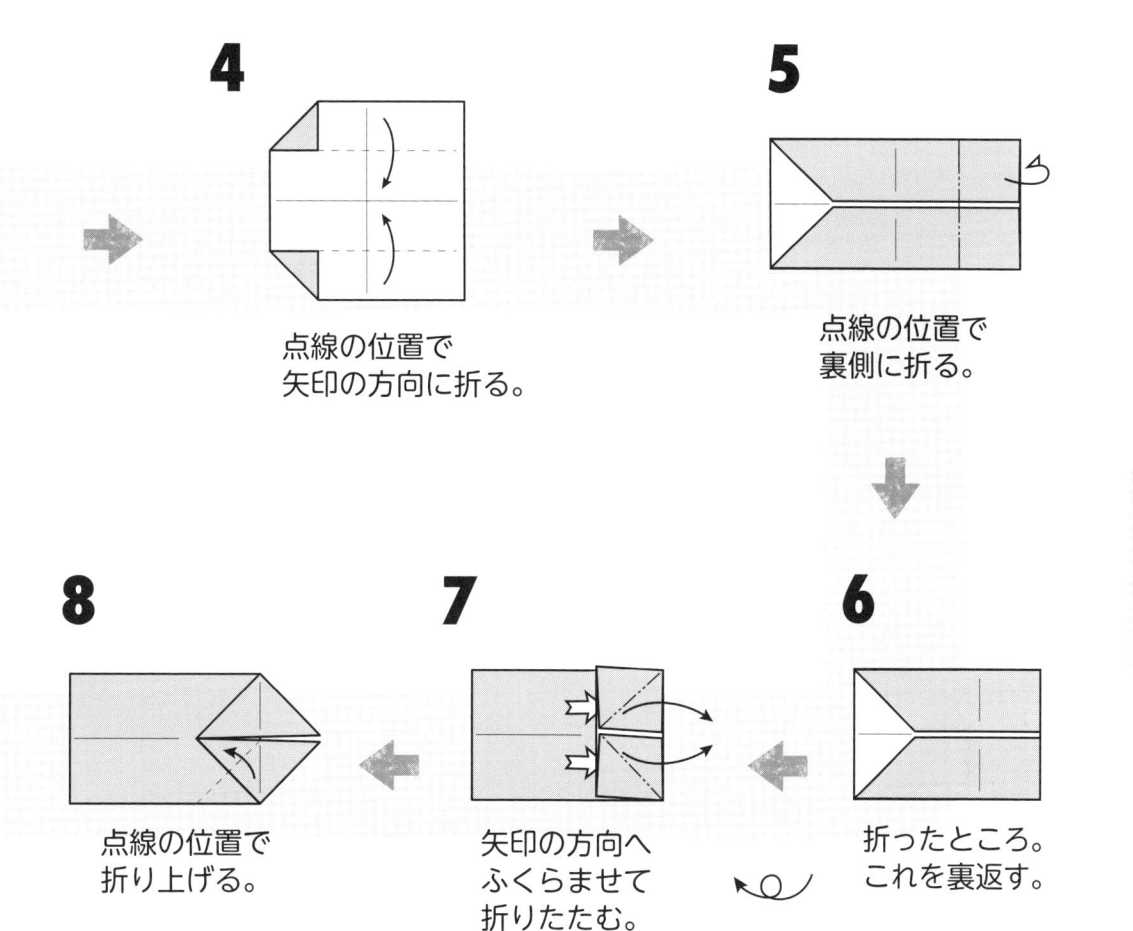

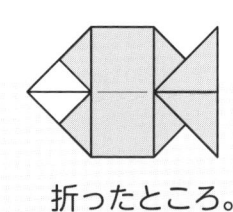

8月

13 折ったところ。これを裏返す。

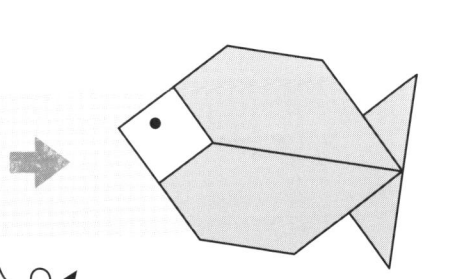

シールやペンを使って目を描いたら完成！

イカ

8月

1 折りすじをつける。

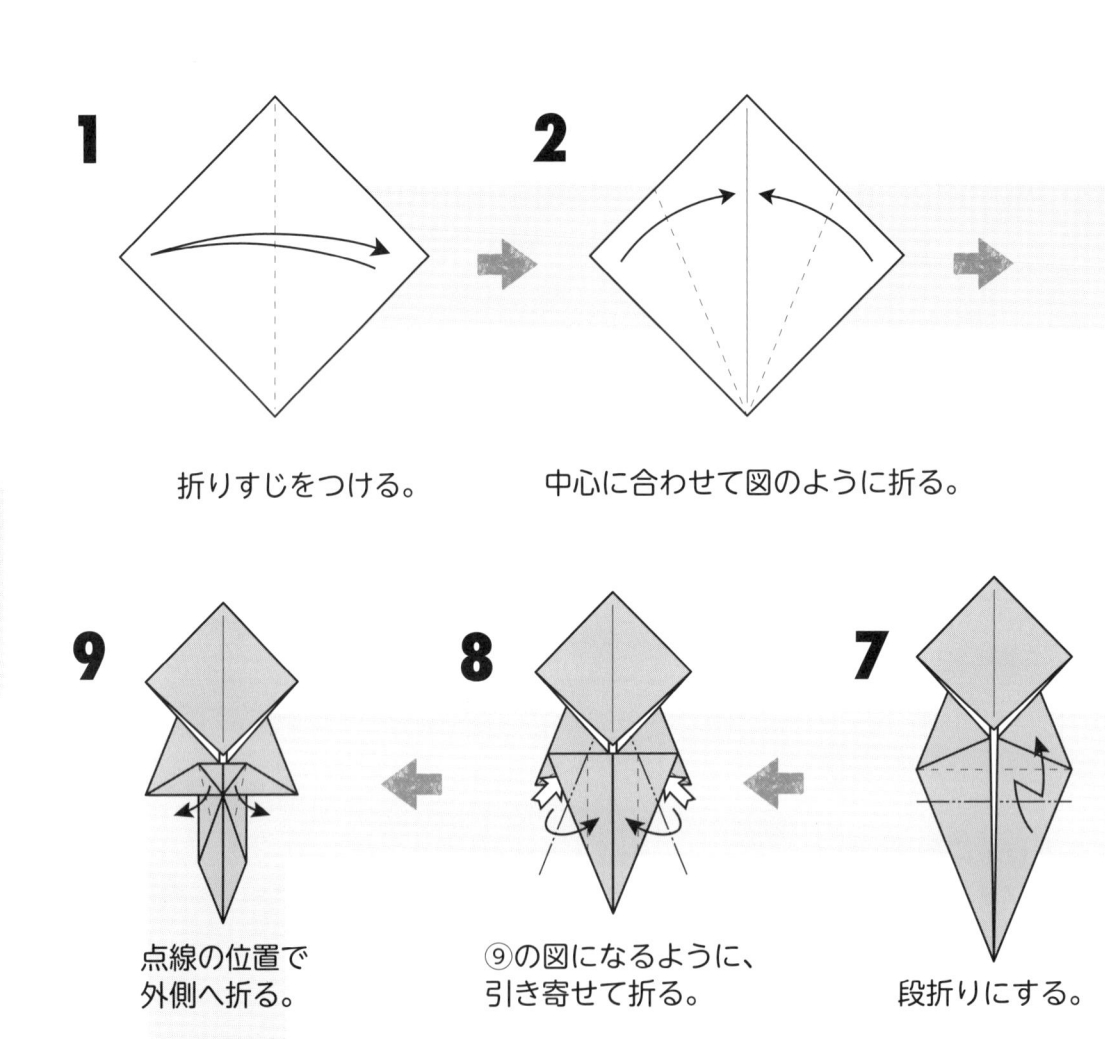

2 中心に合わせて図のように折る。

7 段折りにする。

8 ⑨の図になるように、引き寄せて折る。

9 点線の位置で外側へ折る。

10 折ったところ。これを裏返す。

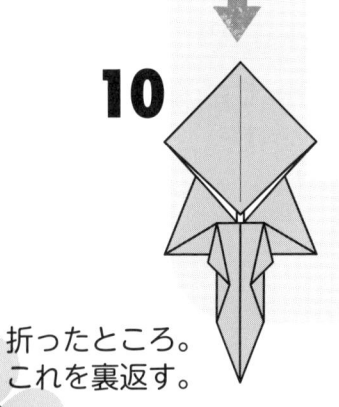

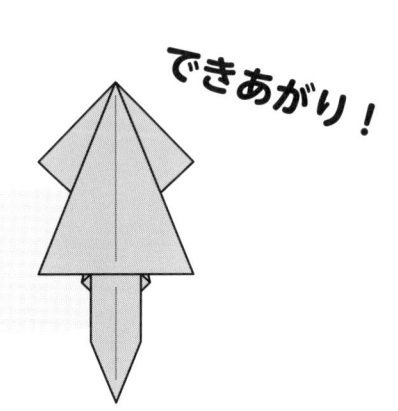

できあがり！

難しさ
★★★★☆

3 点線の位置で矢印の方向に折る。

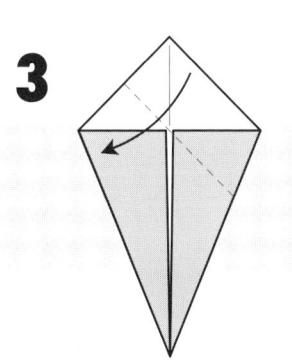

4 ひらきながら右へ折る。

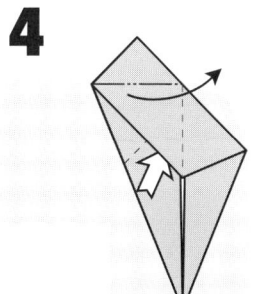

5 図のように中心に合わせて折る。

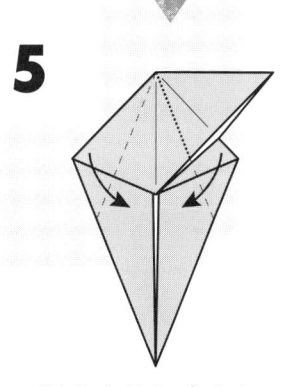

6 ひらいて折りたたむ。

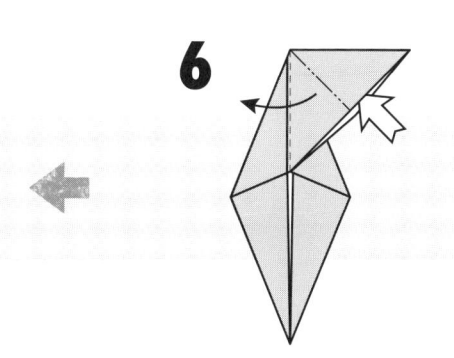

8月

貝

8月

1 折りすじをつける。

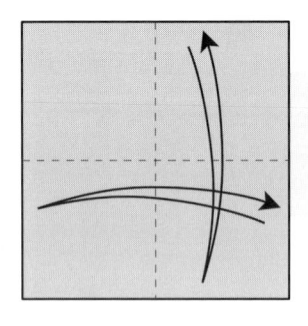

2 図のように中心に合わせて折る。

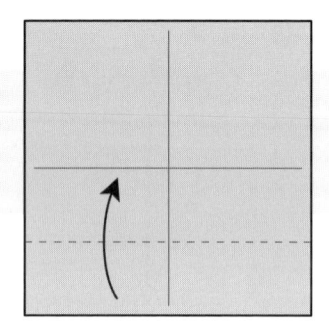

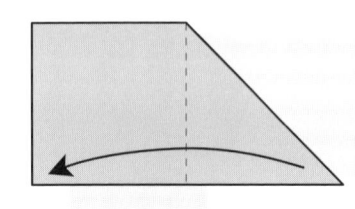

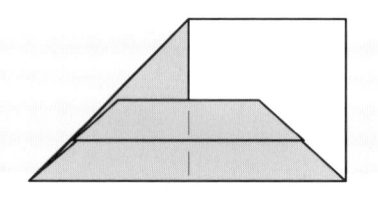

7 折ったところ。これを裏返す。

8 左に折る。

9 点線の位置で折ってすき間に差し込む。

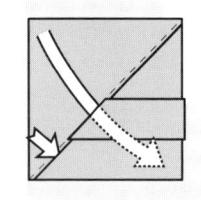

できあがり！

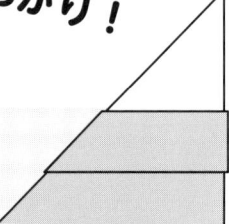

難しさ
★☆☆☆☆

3 点線の位置で折り返す。

4 折ったところ。これを裏返す。

5 図のように3ヵ所を中心に合わせて折る。

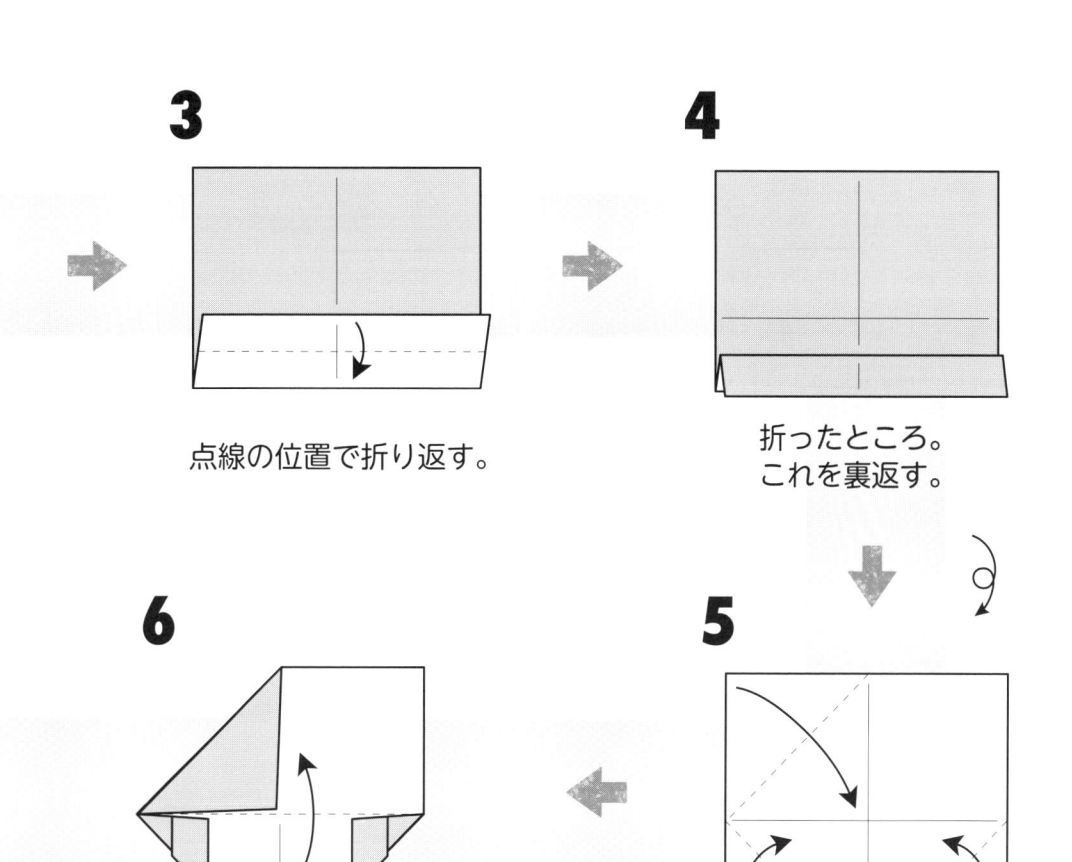

6 点線の位置で折り上げる。

8月

村の子

女の子

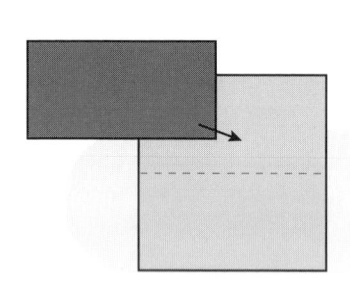

1 女の子の顔をつくります。
おりがみに対して半分の大きさの
黒いおりがみを貼る。

2 貼ったところ。
これを裏返す。

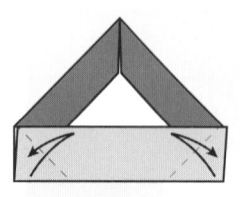

9月

8 点線の位置に
折りすじをつける。

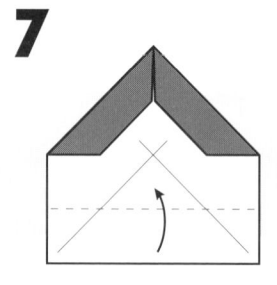

7 点線の位置で
折り上げる。

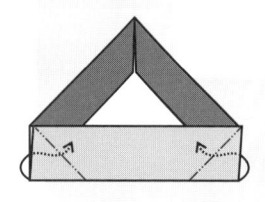

9 点線の位置で矢印の方向へ
折り込む。

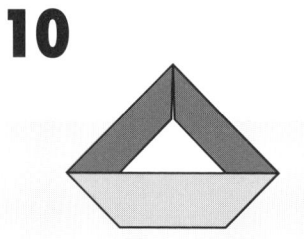

10 折ったところ。
これを裏返す。

難しさ
★★★★☆

3 折りすじをつける。

4 さらに点線の位置で折りすじをつける。

5 ④でつけた折りすじに合わせて折る。

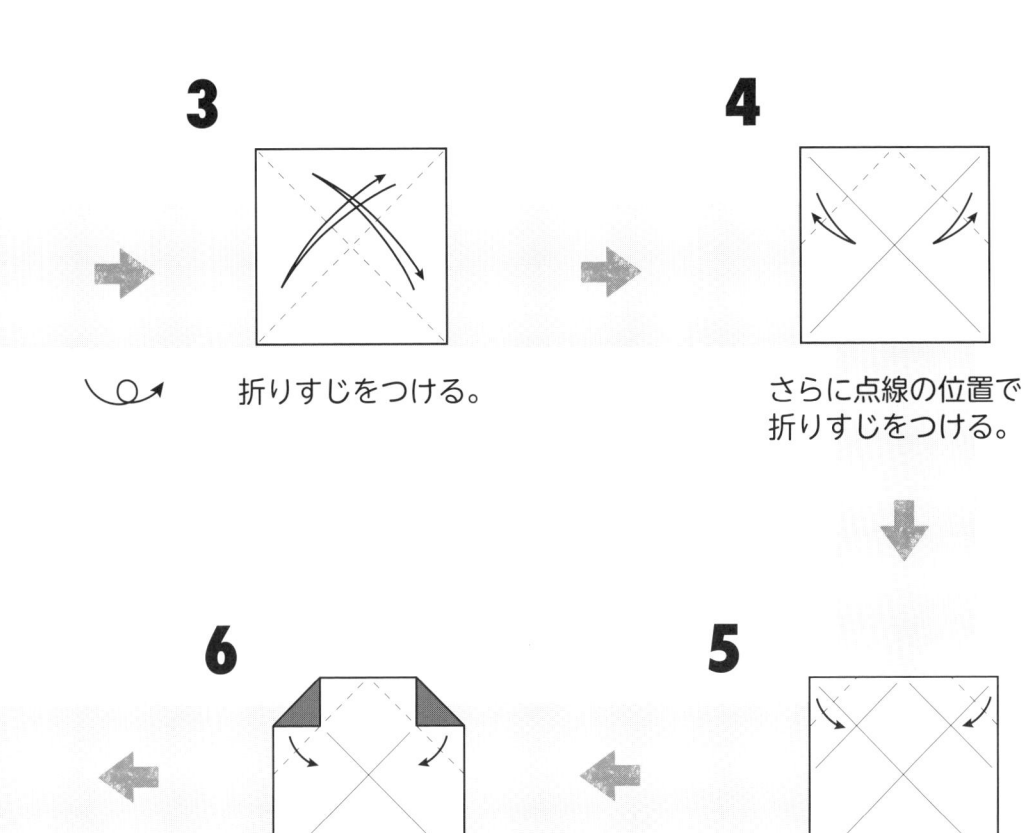

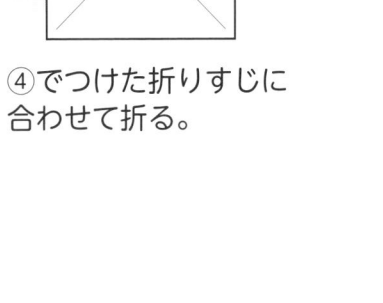

6 さらに点線の位置で折る。

11 点線の位置で手前の紙だけ折り、次の図の形にする。

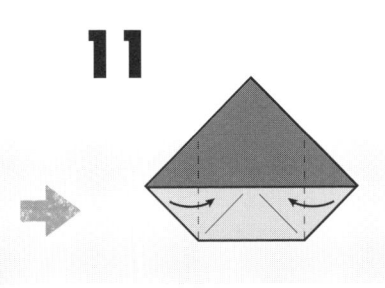

12 点線の位置で折る。

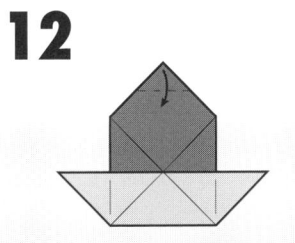

次ページへつづく→

9月

村の子(つづき)

女の子　つづき

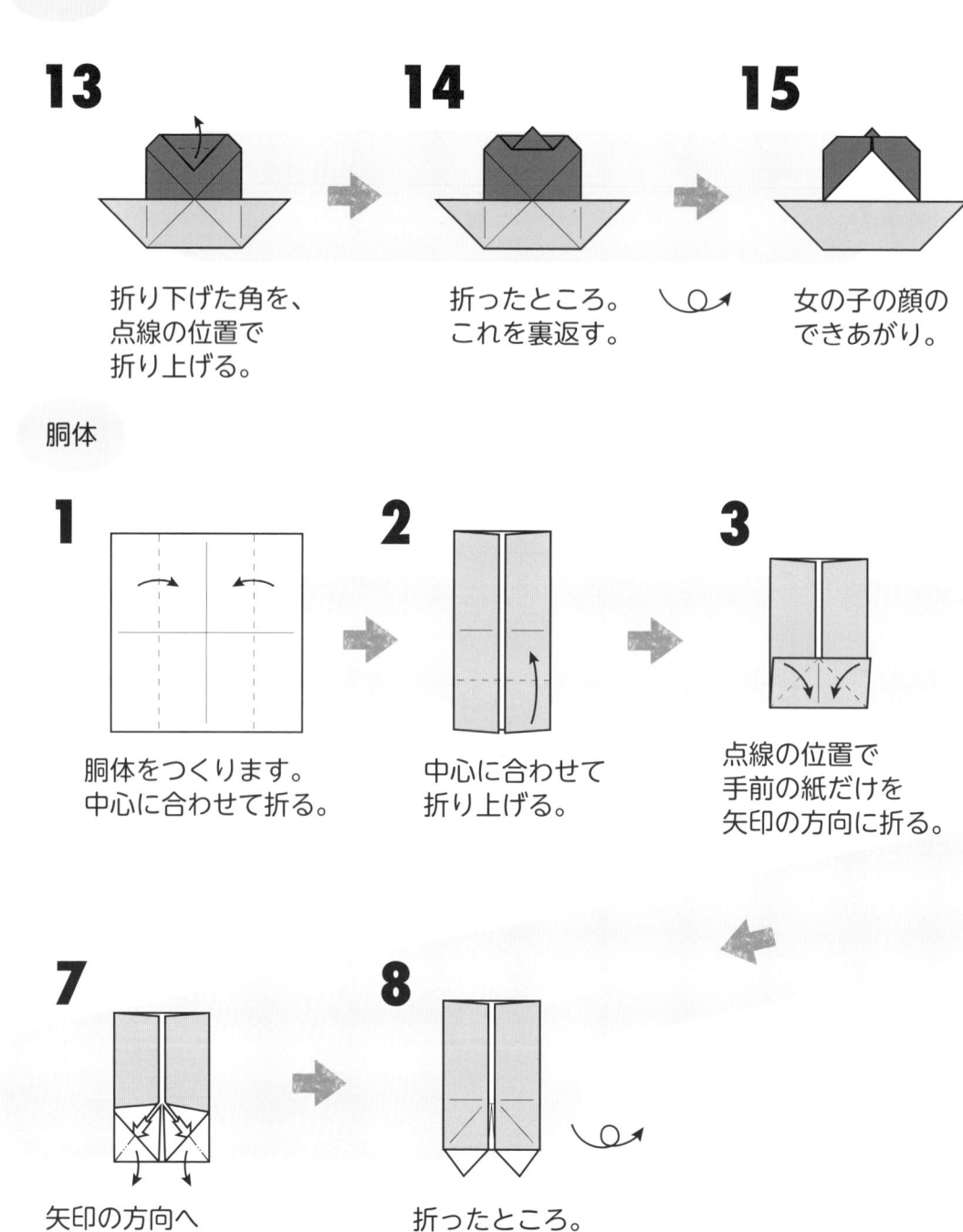

13 折り下げた角を、点線の位置で折り上げる。

14 折ったところ。これを裏返す。

15 女の子の顔のできあがり。

9月

胴体

1 胴体をつくります。中心に合わせて折る。

2 中心に合わせて折り上げる。

3 点線の位置で手前の紙だけを矢印の方向に折る。

7 矢印の方向へふくらませて折りたたむ。

8 折ったところ。これを裏返すとできあがり。

難しさ
★★★★☆

男の子

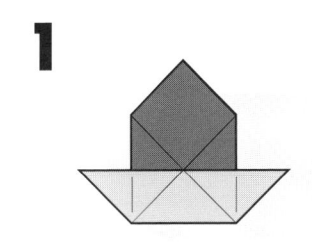

1 次に男の子の顔をつくります。女の子の顔の①〜⑪までつくり、裏返す。

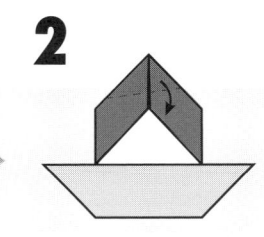

2 点線の位置で斜めに折る。

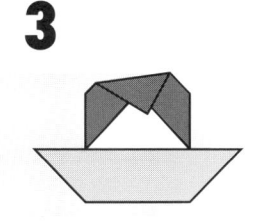

3 男の子の顔のできあがり。

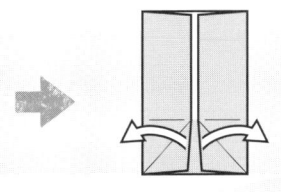

4 矢印の方向へ角をいっぱいに引き出し、次の図の形にする。

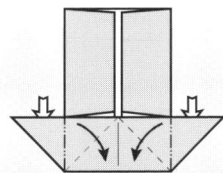

5 矢印の方向へふくらませて折りたたむ。

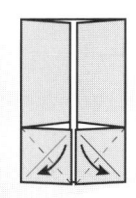

6 点線の位置で手前の紙だけを矢印の方向に折る。

9月

顔の裏側に胴体を差し込んで貼る。細く切った紙で腰に帯をつければできあがり！

73

農家

屋根

1 まず屋根をつくります。点線の位置で折る。

2 点線の位置で裏側へ折る。

3 点線の位置で矢印の方向に折り、次の図の形にする。

4 点線の位置で折り上げて、次の図の形にする。

5 折ったところ。これを裏返す。

6 中心に合わせて折る。

7 点線の位置で矢印の方向へ折りひらいて、次の図の形にする。

8 点線の位置で矢印の方向へ折り、内側のすき間に差し込む。その後に裏返す。

9 点線の位置で裏へ折る。

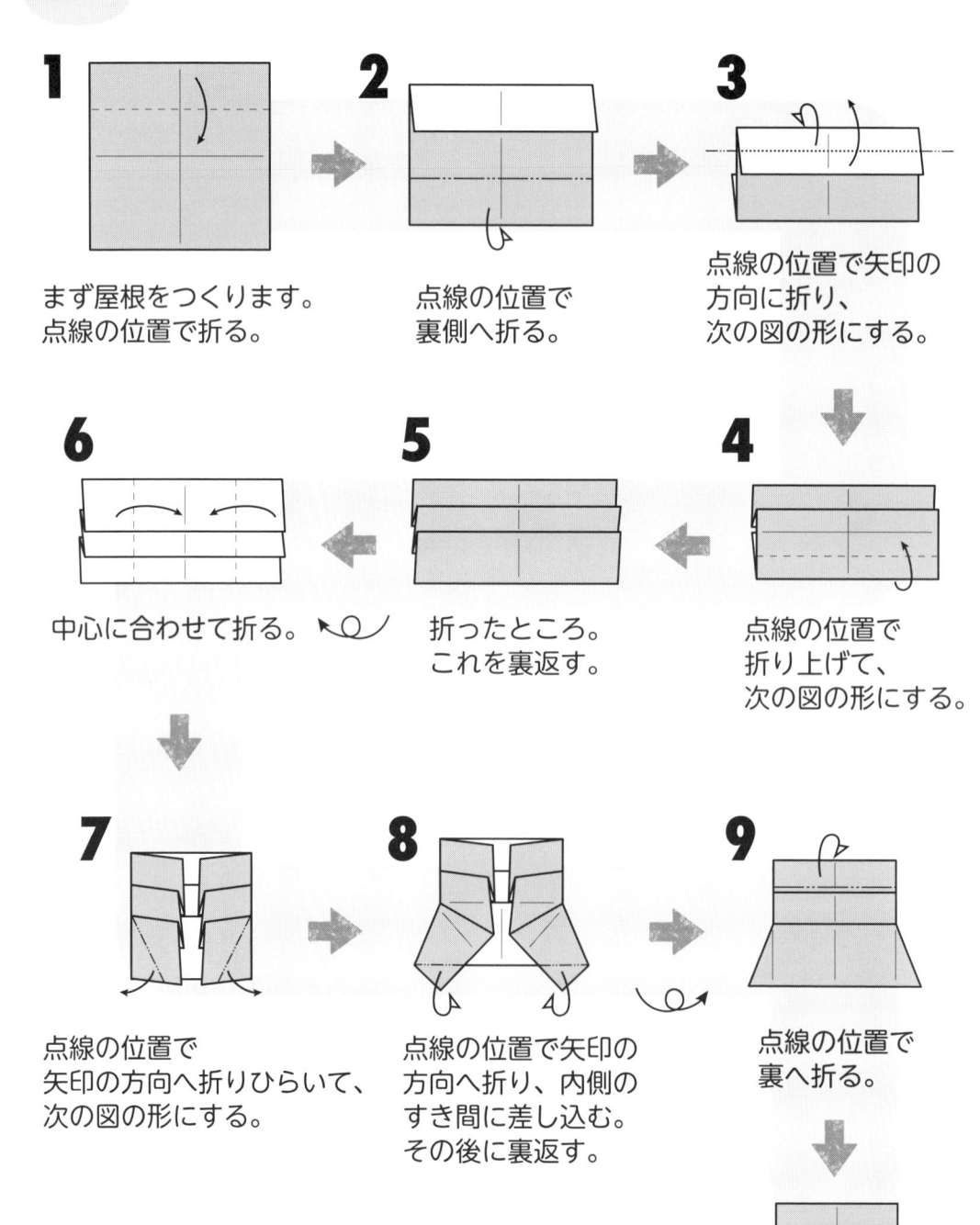

屋根のできあがり。

9月

難しさ
★★★☆☆

建物

1 次に建物をつくります。
左の辺は点線の位置で折りすじを
つけ、右の辺は図のように折る。

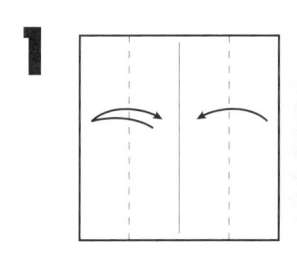

2 左の辺を点線の
位置で折る。

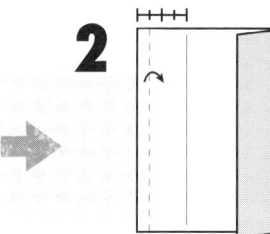

3 最初につけた折り
すじの位置で矢印の
方向に折る。

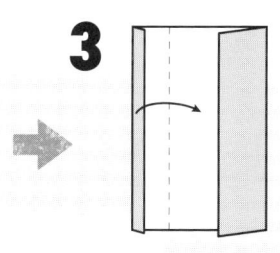

4 点線の位置で
半分に折る。

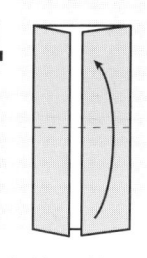

5 点線の位置で
手前の紙だけを
折り下げる。

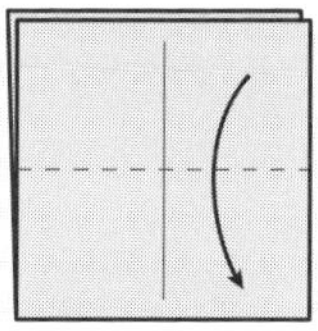

6 点線の位置で
折り下げる。

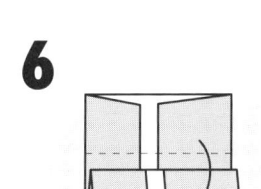

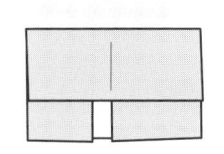

建物のできあがり。

できあがり！

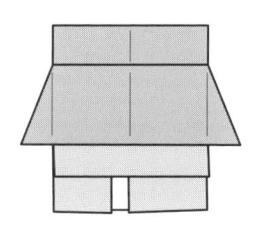

9月

ポイント＆アドバイス

屋根のすき間に建物を
差し込んで貼ると
できあがり。

ススキ

穂

1 折りすじをつける。

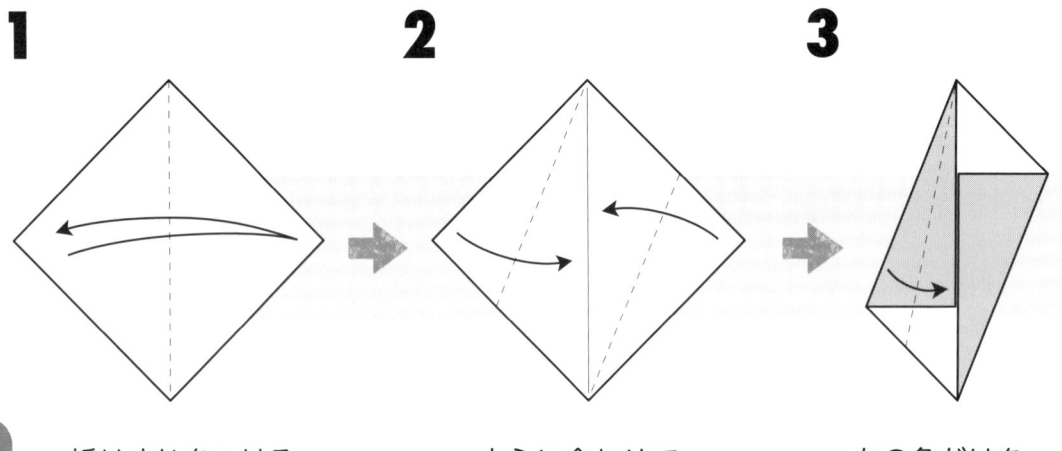

2 中心に合わせて図のように折る。

3 左の角だけを中心に合わせてさらに折る。

9月

葉と茎

茎(4等分) 葉(8等分)
茎と葉の割合(2分割)

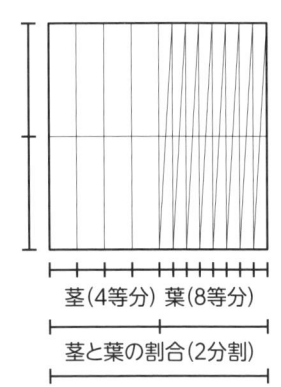

おりがみを8等分に段折りしたら、図の通りにハサミやカッターで切り離しておきます。

茎

1 折りすじをつける。

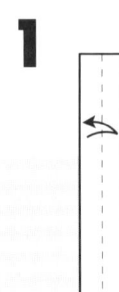

2 左右の辺を中心に合わせて折る。

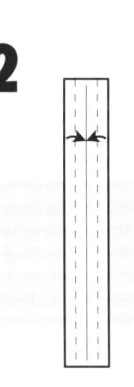

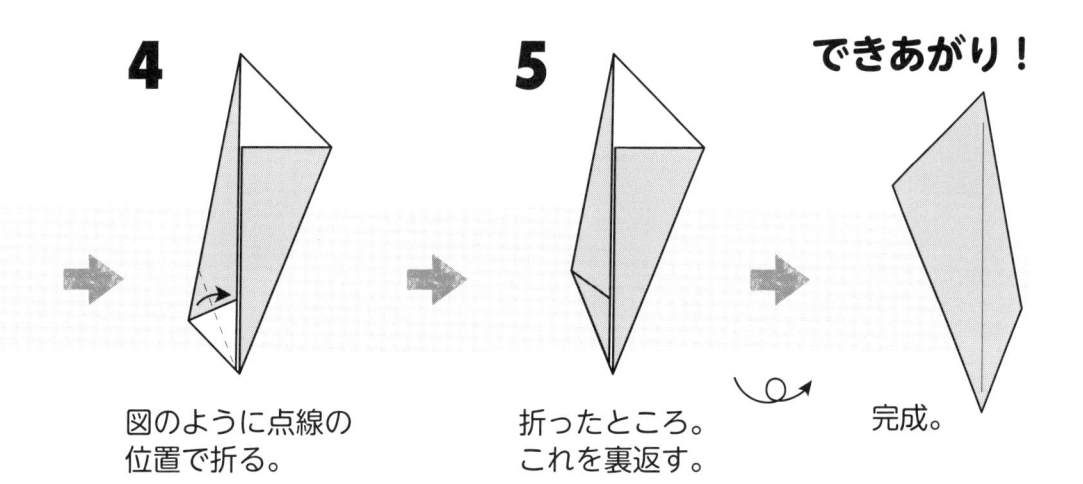

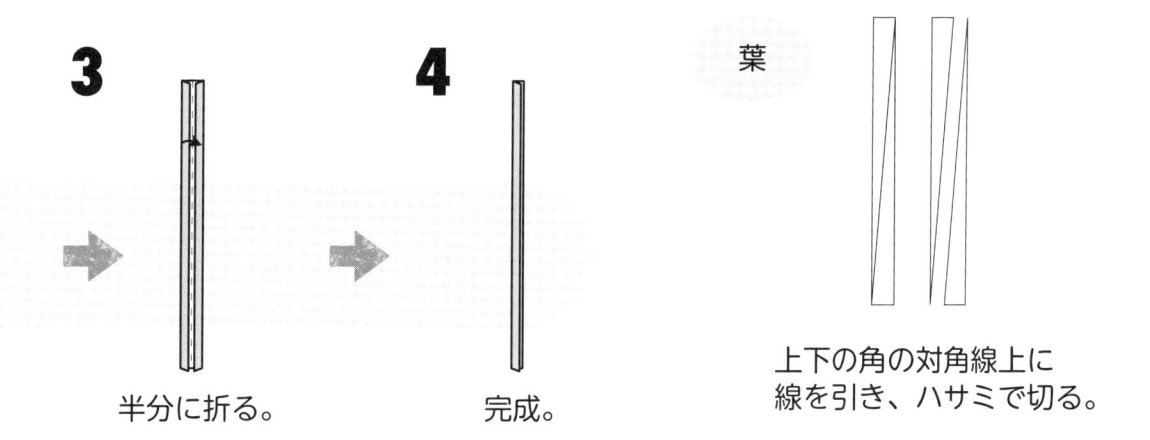

難しさ
★☆☆☆☆

4 図のように点線の位置で折る。

5 折ったところ。これを裏返す。

できあがり！ 完成。

9月

3 半分に折る。

4 完成。

葉

上下の角の対角線上に線を引き、ハサミで切る。

チョウ②

1 折りすじをつける。

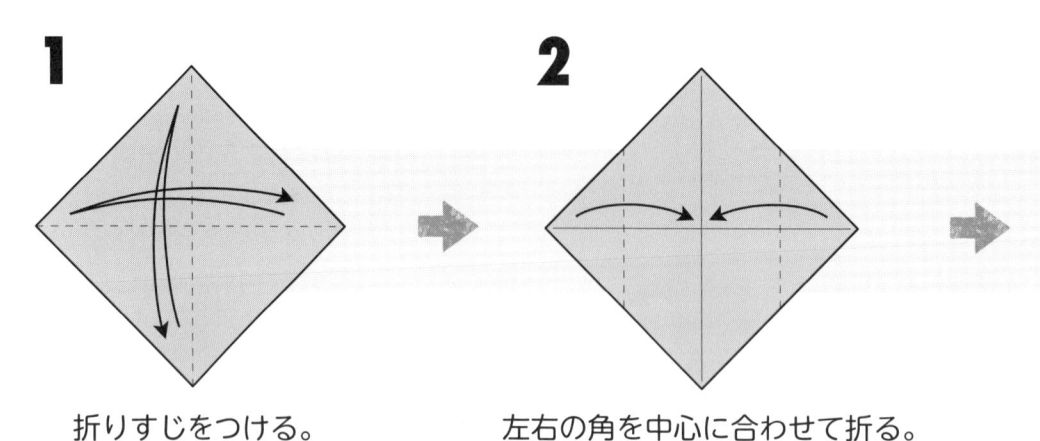

2 左右の角を中心に合わせて折る。

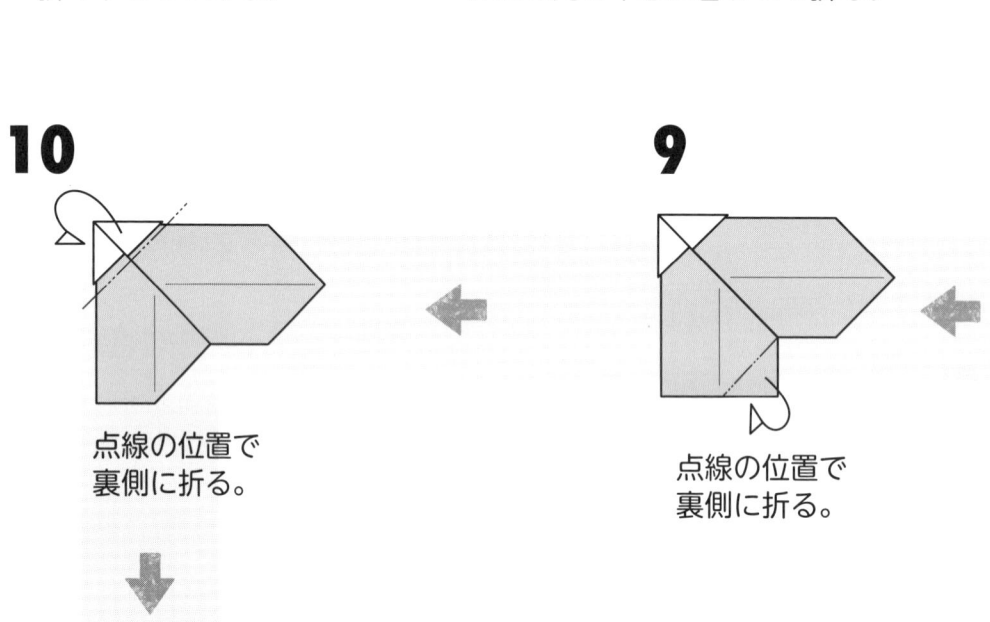

10 点線の位置で裏側に折る。

9 点線の位置で裏側に折る。

11 右側の羽の完成。向きを変える。

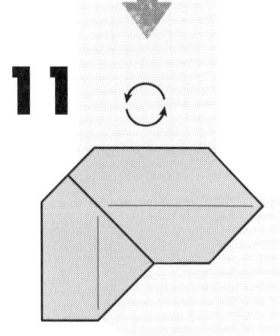

12 左側の羽を折ります。⑦まで同様に折ったら手前側の1枚を点線の位置で折り上げ、以下は⑨、⑩と同様に折る。

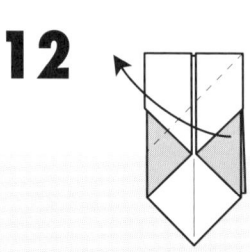

10月

難しさ
★★★☆☆

3 折ったところ。これを裏返す。

4 中心に合わせて左右の辺を折る。

5 下の角を点線の位置で折り上げる。

6 折ったところ。これを裏返す。

7 中心の折りすじで折り下げる。

8 手前側の1枚を点線の位置で折り上げる。

10月

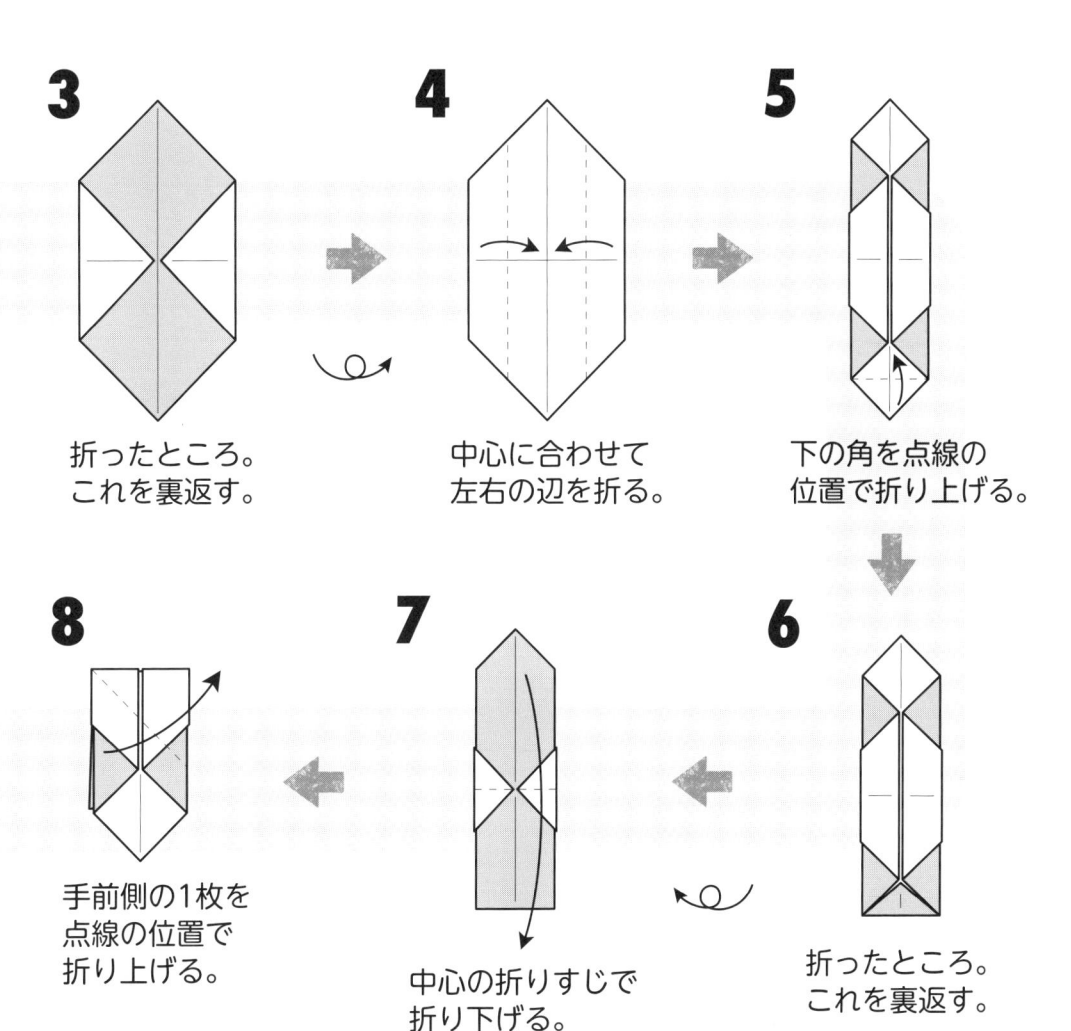

13 左側の羽の完成。向きを変える。

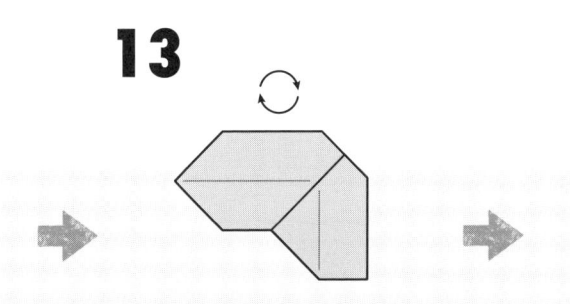

できあがり！ 左右の羽を並べ、裏側をテープでとめる。

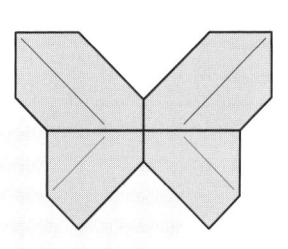

コスモス

1 折りすじをつける。

2 左右の角を中心に合わせて折る。

3 中心に合わせてさらに折る。

10月

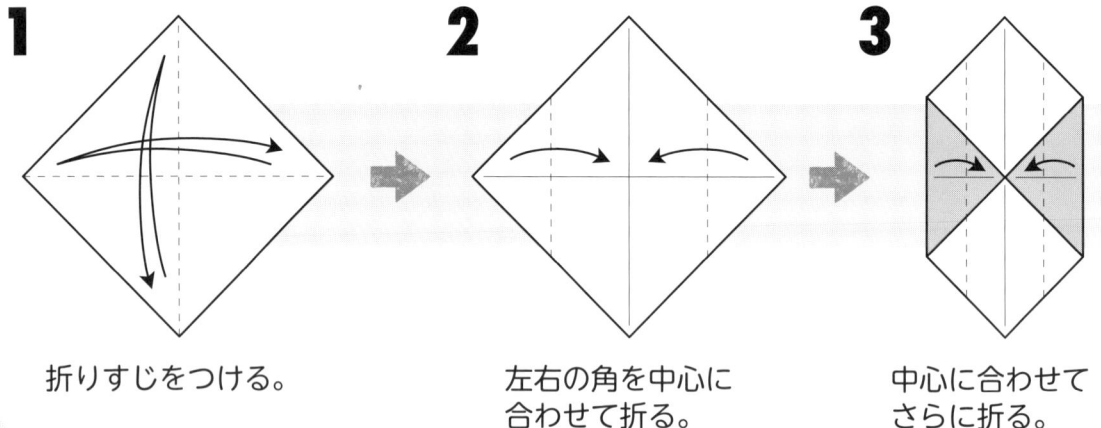

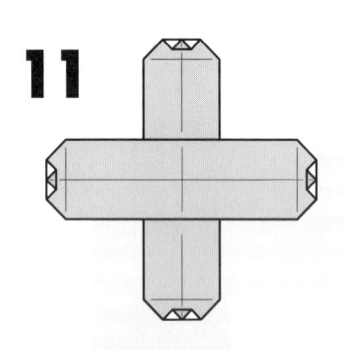

11 2枚を図のように貼る。
※残りの2枚も同様。

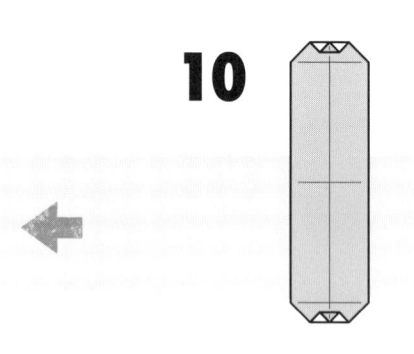

10 ⑩を4枚つくる。

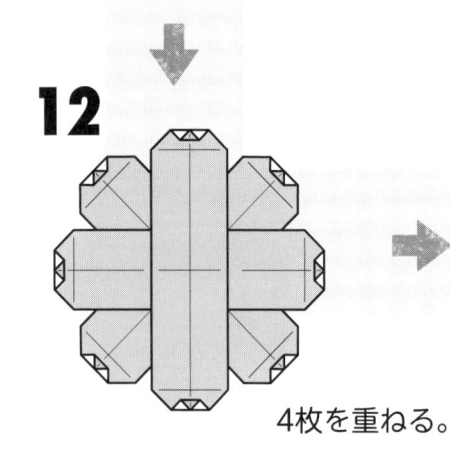

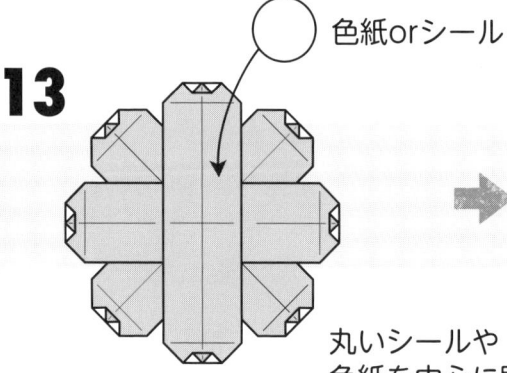

12 4枚を重ねる。

13 色紙orシール

丸いシールや色紙を中心に貼る。

難しさ
★★★☆☆

4 折ったところ。これを裏返す。

5 点線の位置で折りすじをつける。

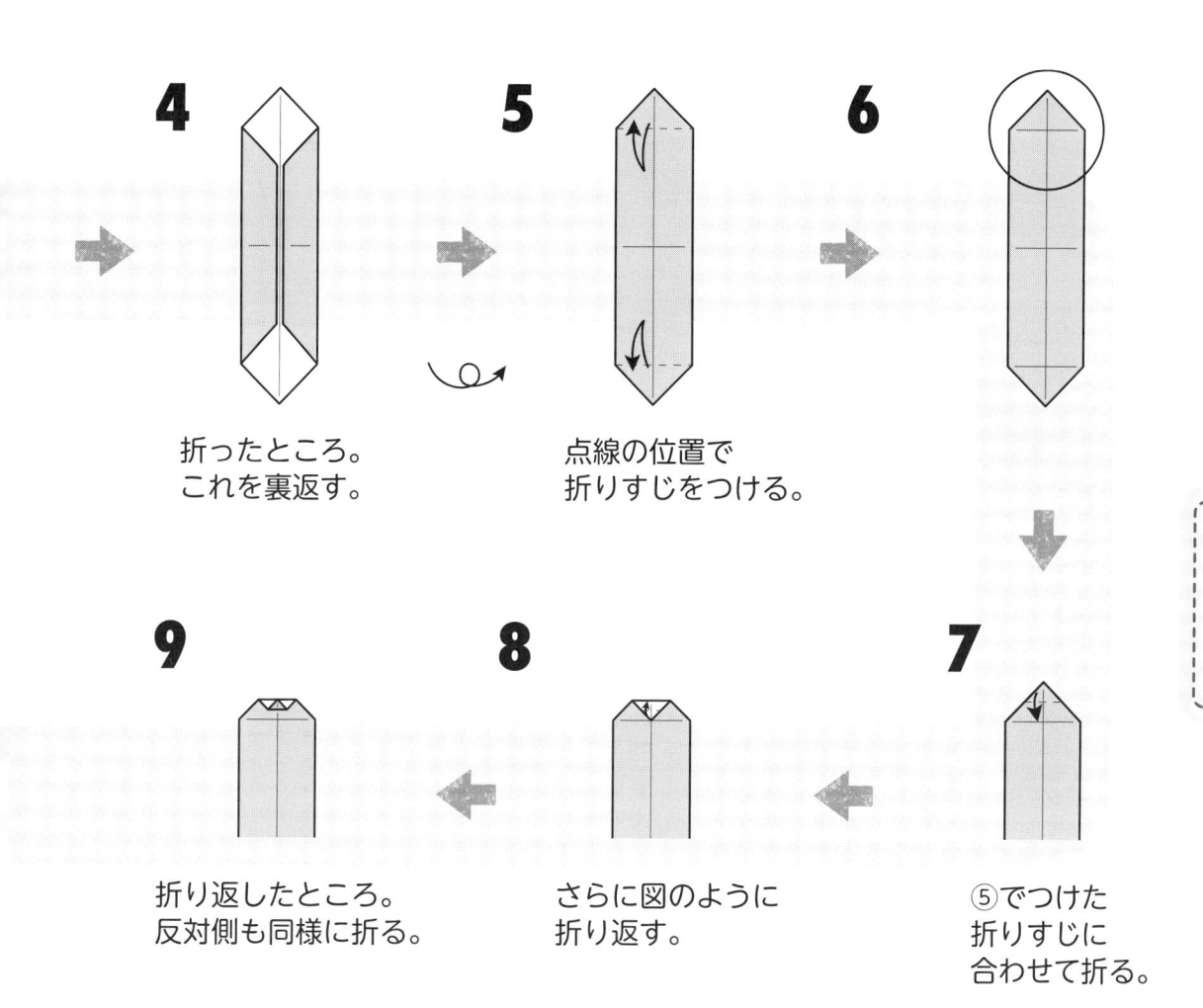

6

7 ⑤でつけた折りすじに合わせて折る。

8 さらに図のように折り返す。

9 折り返したところ。反対側も同様に折る。

10月

できあがり！

81

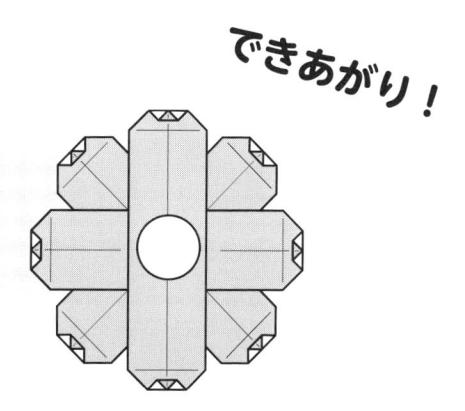

もみじ

共通

1 折りすじをつける。

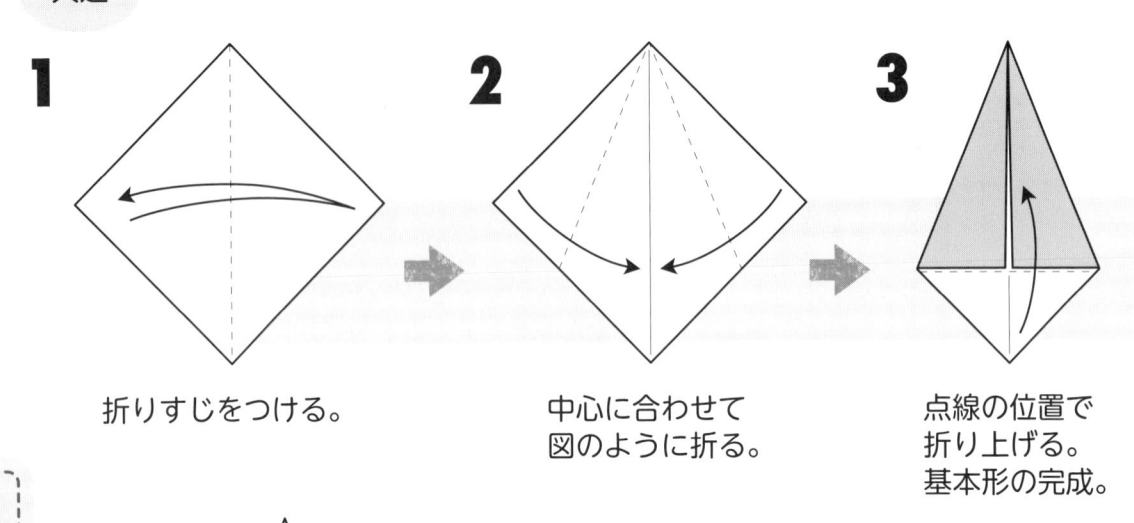

2 中心に合わせて図のように折る。

3 点線の位置で折り上げる。基本形の完成。

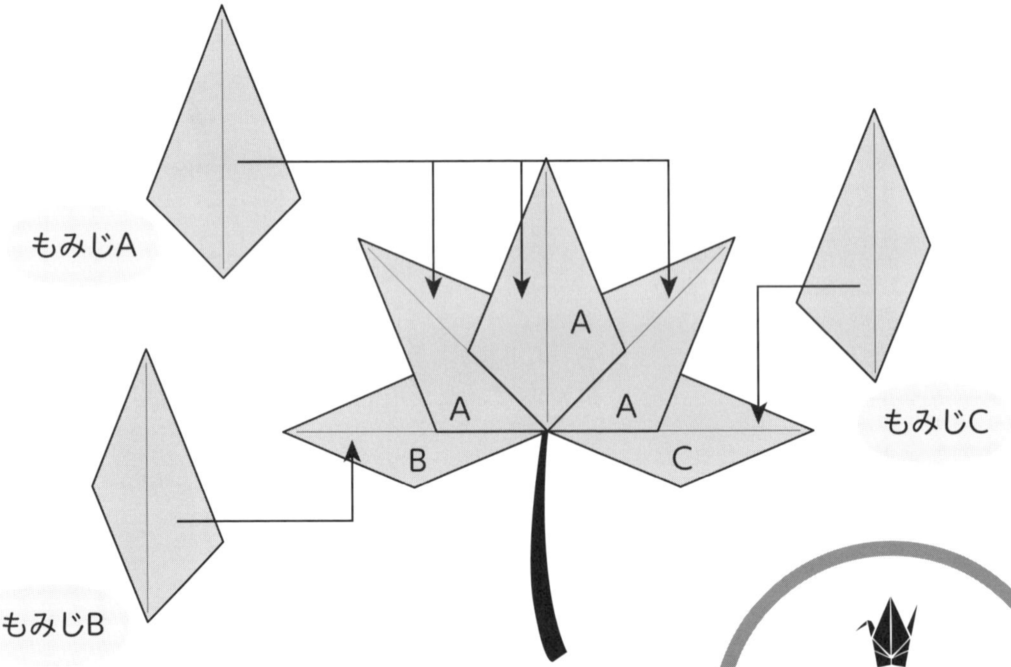

10月

もみじA

もみじB

もみじC

Aを3枚、BとCを各1枚ずつつくります。
それを図のように貼り合わせます。
画用紙で茎をつけてみるとよいでしょう。

ポイント＆アドバイス
基本形から3種類の葉をつくります。

難しさ
★☆☆☆☆

もみじA　（葉の真ん中。82ページの③からつづきます）

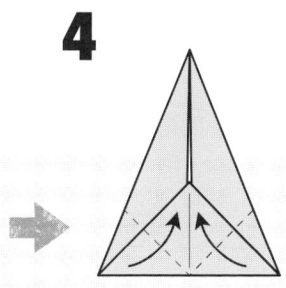

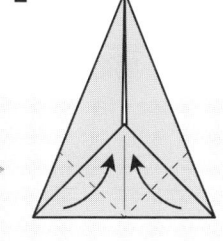

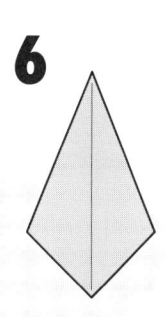

4　図のように角をそれぞれ中心に合わせて折る。

5　折ったところ。これを裏返す。

6　もみじAの完成。これを3枚つくる。

もみじB　（葉の左端。82ページの③からつづきます）

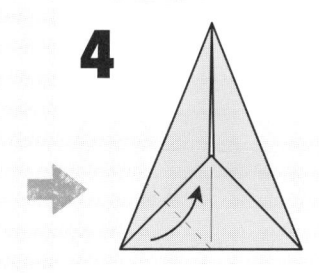

4　左下の角を中心に合わせて折る。

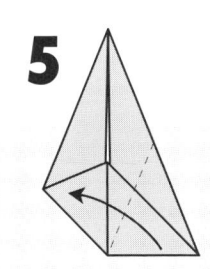

5　右下の角を、点線の位置で折る。

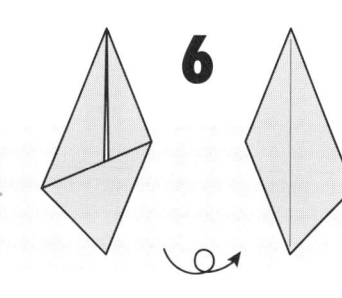

6　折ったところ。これを裏返す。　もみじBの完成。

もみじC　（葉の右端。82ページの③からつづきます）

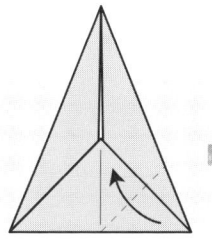

4　右下の角を中心に合わせて折る。

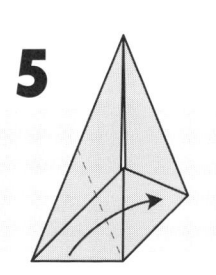

5　左下の角を、点線の位置で折る。

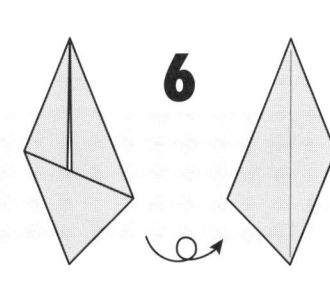

6　折ったところ。これを裏返す。　もみじCの完成。

10月

とんぼ

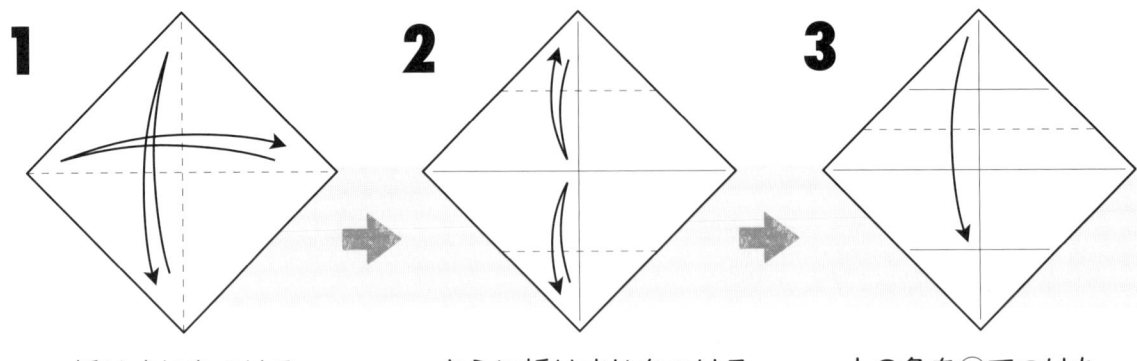

羽

1 折りすじをつける。

2 さらに折りすじをつける。

3 上の角を②でつけた折りすじに合わせて図のように折り下げる。

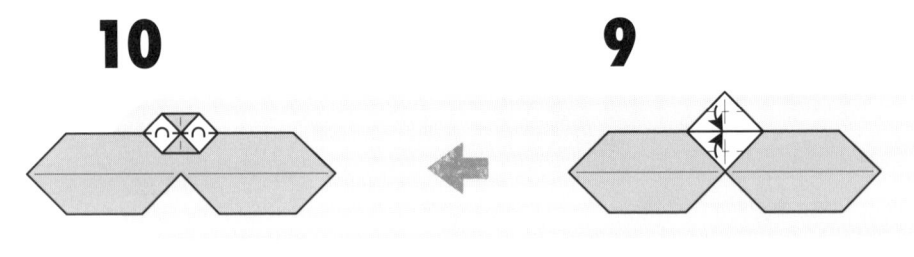

10月

10 ペンやシールを使って目を描く。

9 点線の位置でそれぞれ折る。

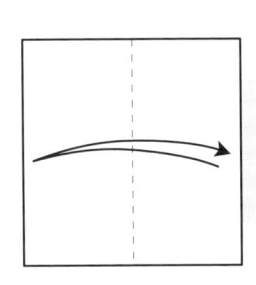

体

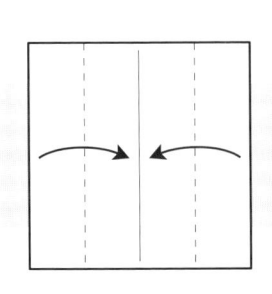

1 折りすじをつける。

2 中心に合わせて折る。

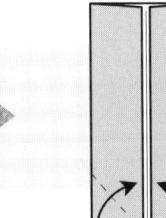

3 図のように下の角を折り上げる。

難しさ
★★☆☆☆

4
点線の位置で折り返す。

5
下の角を上の角に合わせるように折る。

6
ハサミで切り込む。

7 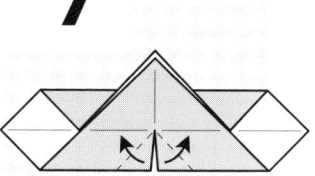
切り込みを入れたところを折り上げる。
その後に裏返す。

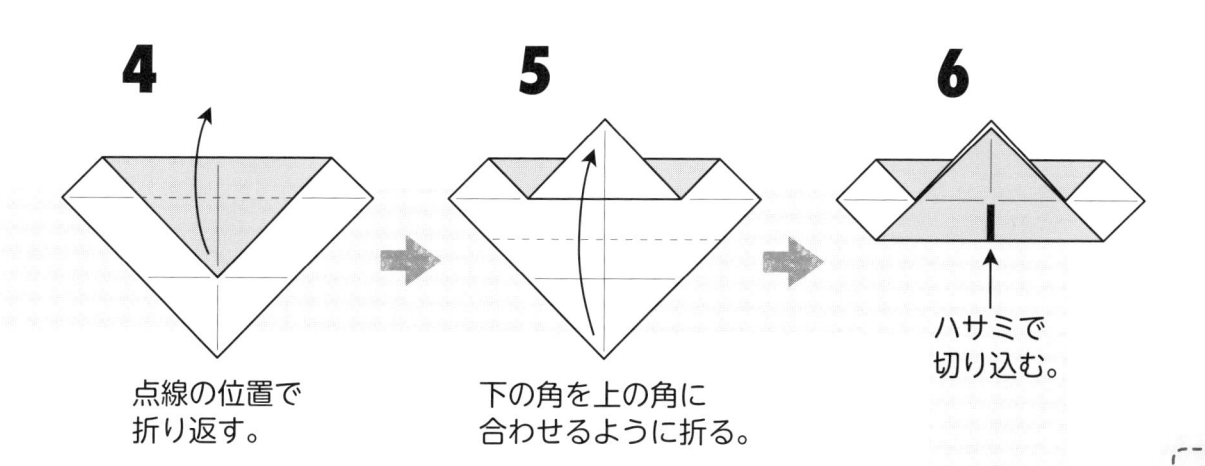

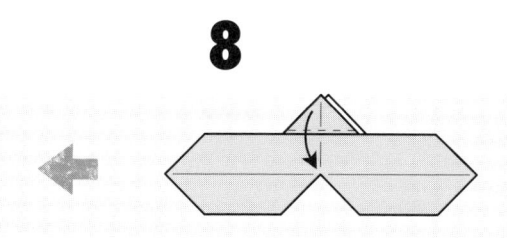

8
裏返したところ。
上の紙だけ下へ折る。

10月

4 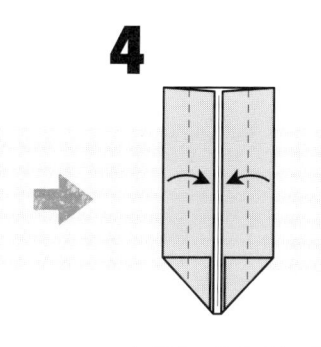
中心に合わせて左右の辺を折る。
その後に裏返す。

5 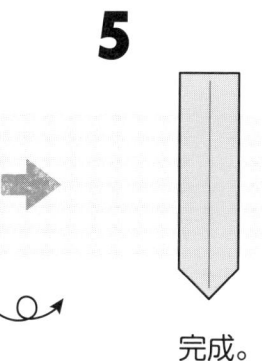
完成。

できあがり！

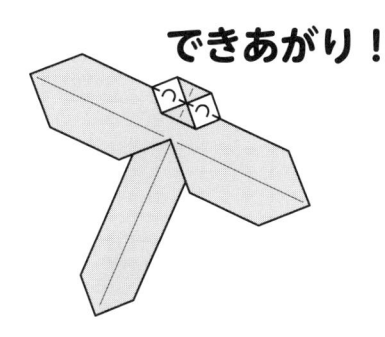

羽と体をのりで貼りつけて完成。

85

栗

難しさ
★☆☆☆☆

11月

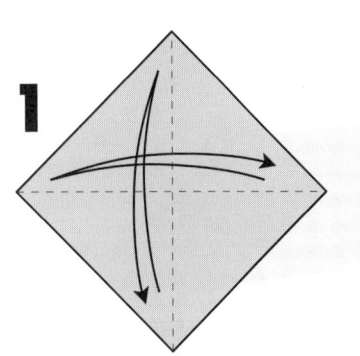

1 折りすじをつける。

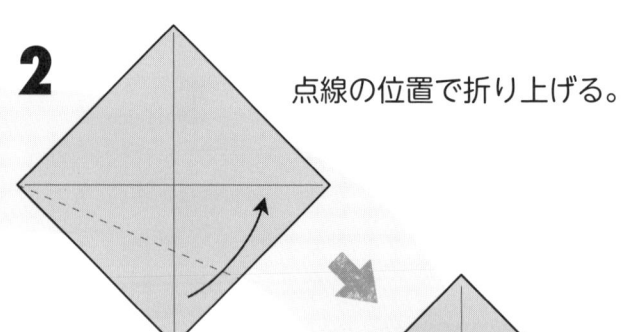

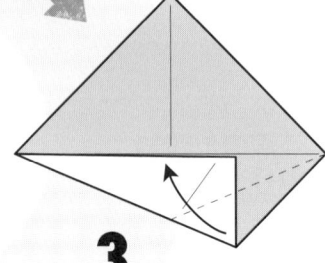

2 点線の位置で折り上げる。

3 点線の位置で折り上げる。

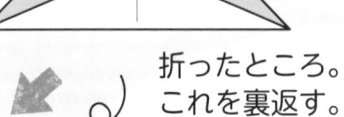

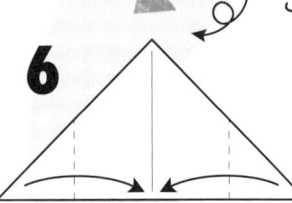

4 下側を折り上げる。

5 折ったところ。これを裏返す。

6 左右の角を中心に合わせて折る。

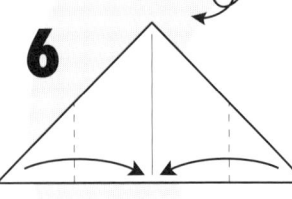

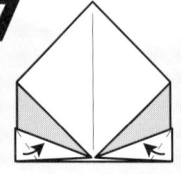

7 点線の位置で左右の角を折る。

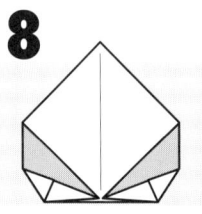

8 折ったところ。これを裏返す。

できあがり！

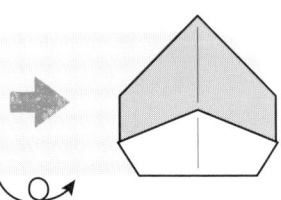

きのこ

難しさ ★☆☆☆☆

1 折りすじをつける。

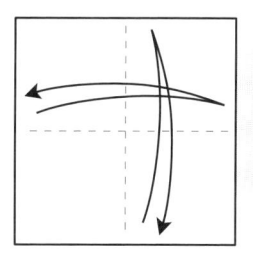

2 点線の位置で折りすじをつける。

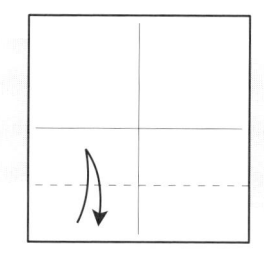

3 上の辺を②でつけた折りすじに合わせて折り下げる。

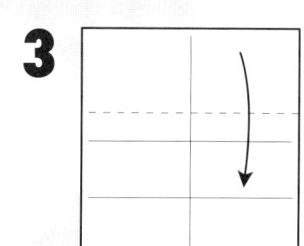

4 折ったところ。これを裏返す。

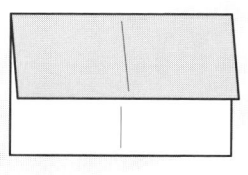

5 左右の辺をそれぞれ中心に合わせて折る。

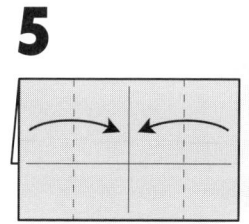

6 中心にきた2つの角のすき間を矢印の方向にひらき、つぶすように折る。

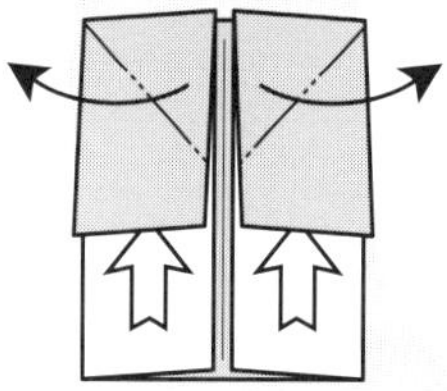

7 上下にある4つの角をそれぞれ点線の位置で折る。

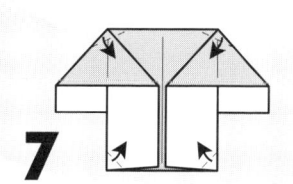

8 折ったところ。これを裏返す。

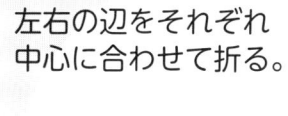

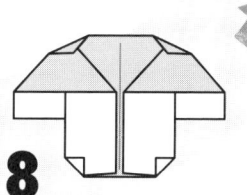

できあがり！

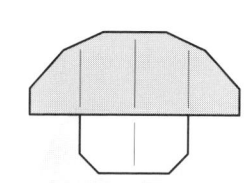

11月

いちょう

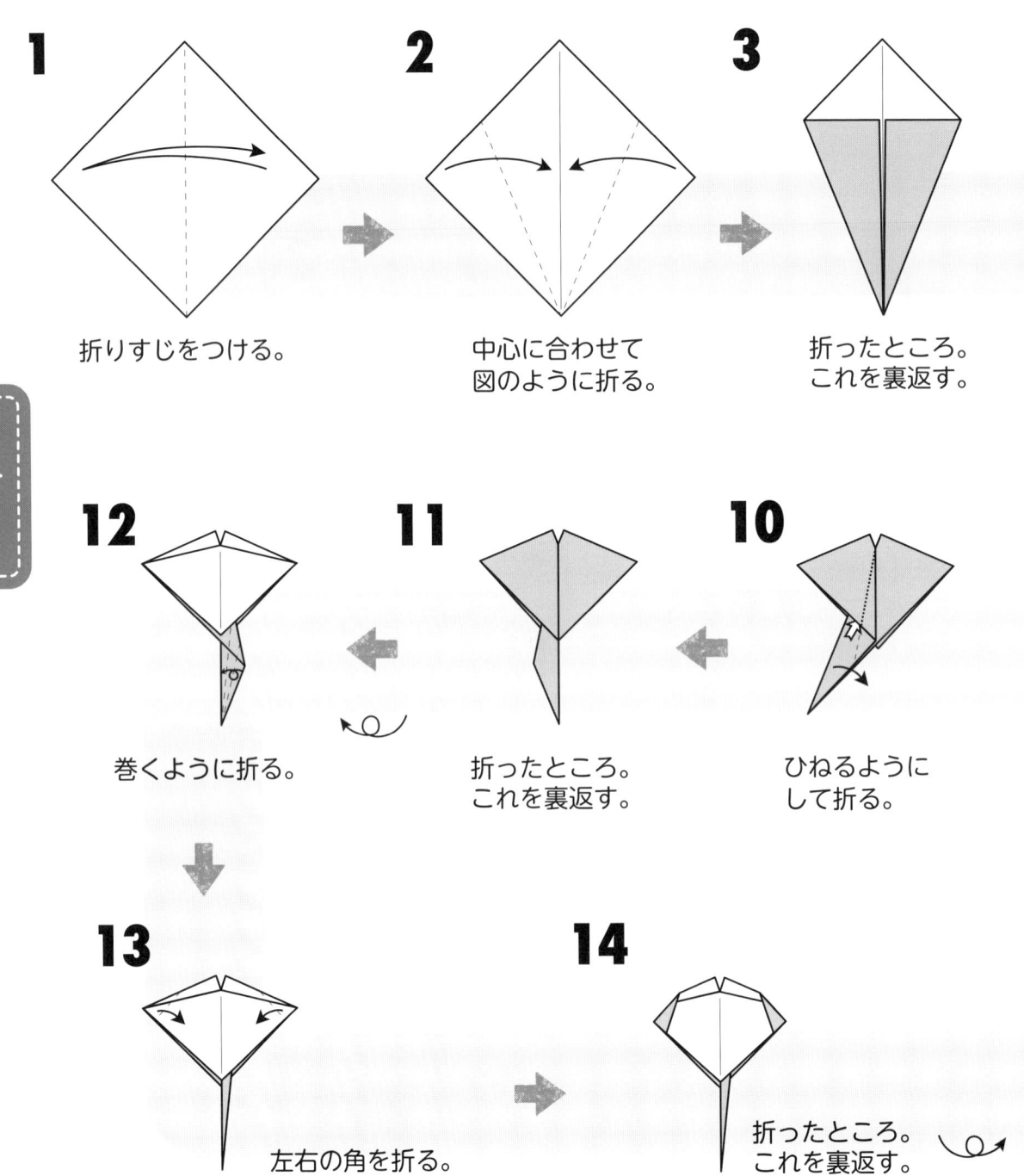

1 折りすじをつける。

2 中心に合わせて図のように折る。

3 折ったところ。これを裏返す。

11月

12 巻くように折る。

11 折ったところ。これを裏返す。

10 ひねるようにして折る。

13 左右の角を折る。

14 折ったところ。これを裏返す。

難しさ
★★★★☆

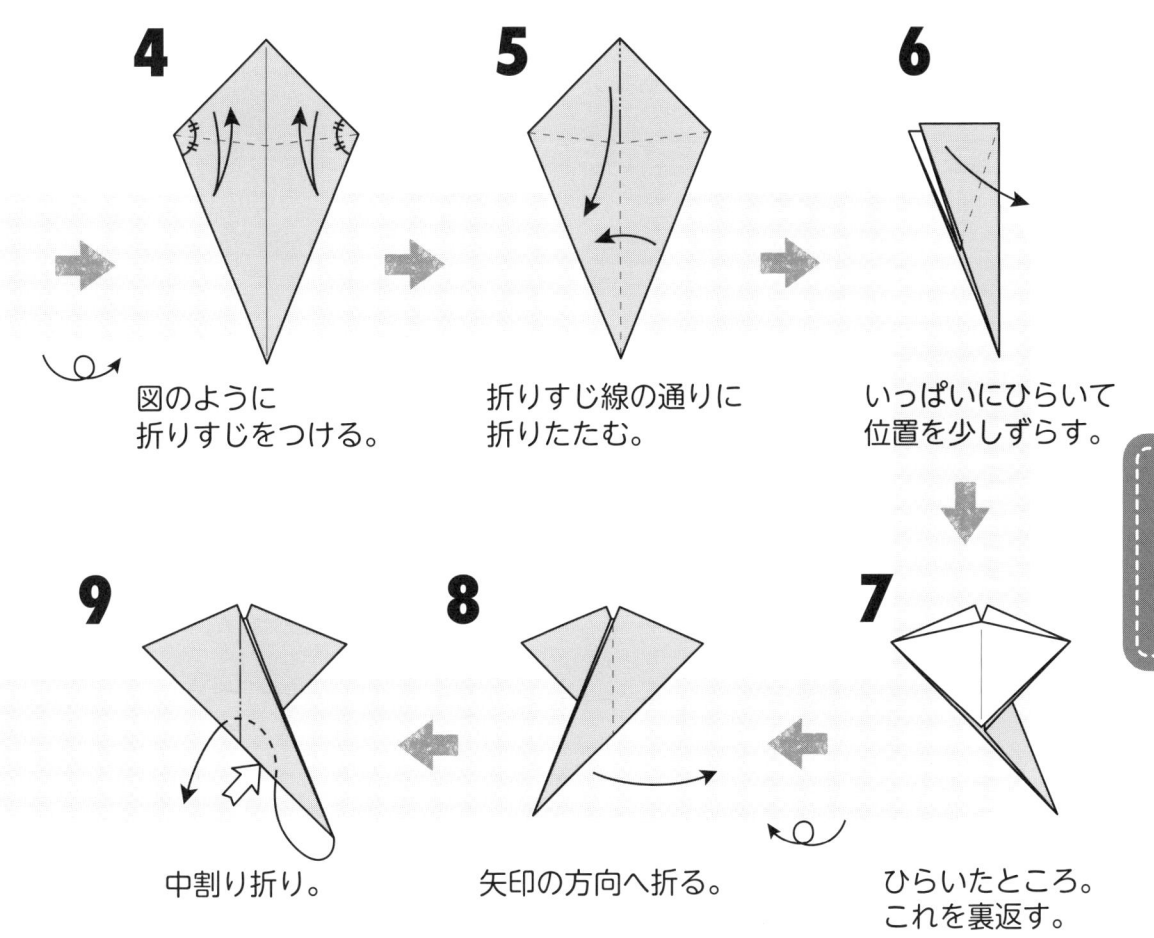

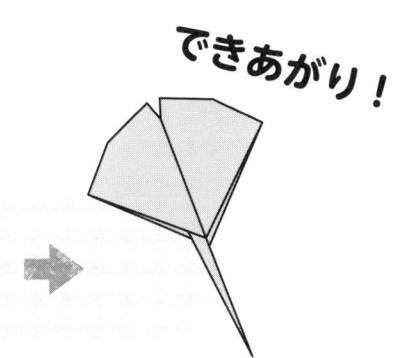

4 図のように折りすじをつける。

5 折りすじ線の通りに折りたたむ。

6 いっぱいにひらいて位置を少しずらす。

7 ひらいたところ。これを裏返す。

8 矢印の方向へ折る。

9 中割り折り。

できあがり！

11月

リス

顔

1 半分に折る。

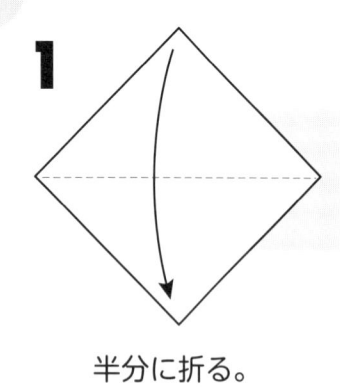

2 折りすじをつける。

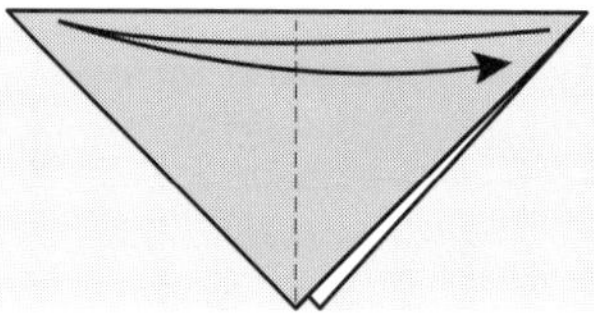

7 左右の角を中心に合わせて折る。

8 折りすじをつける。

9 ⑧でつけた折りすじに合わせて折る。

10 図のように2つの角を折り上げる。

11 折ったところ。これを裏返す。

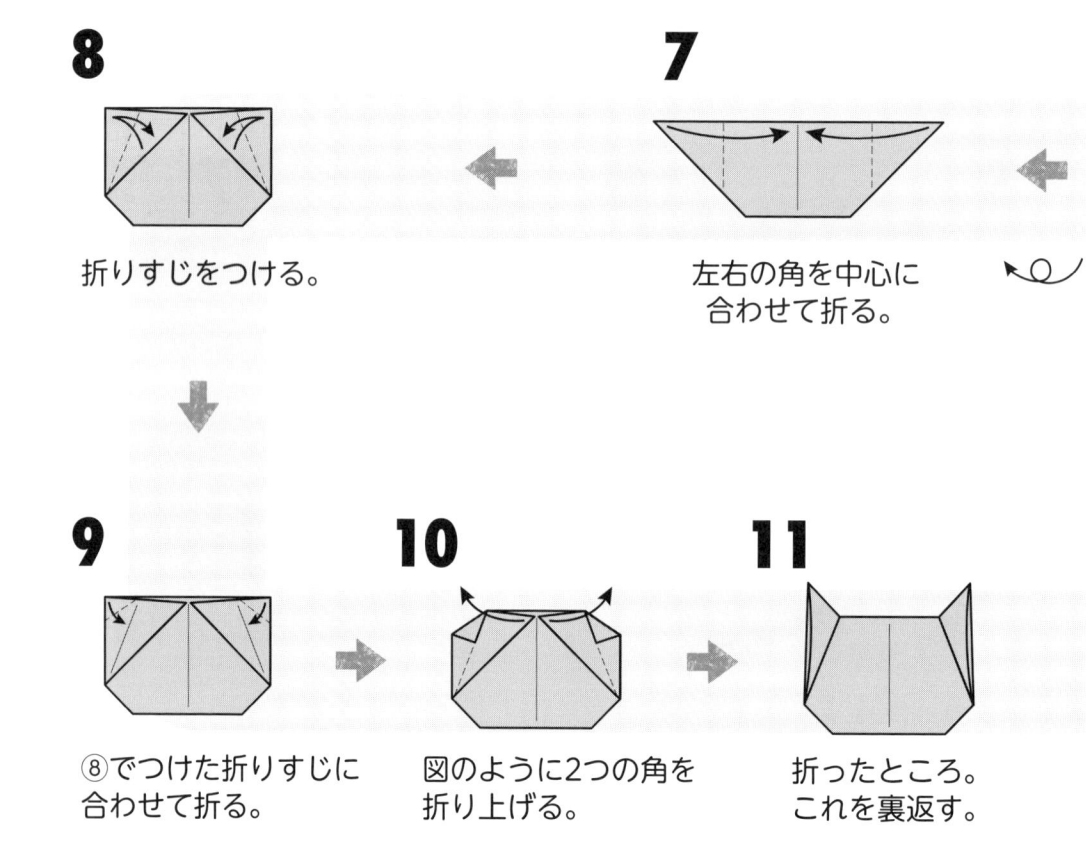

11月

顔は10cm×10cm、体は15cm×15cmのおりがみを使うとバランスがよくなります。

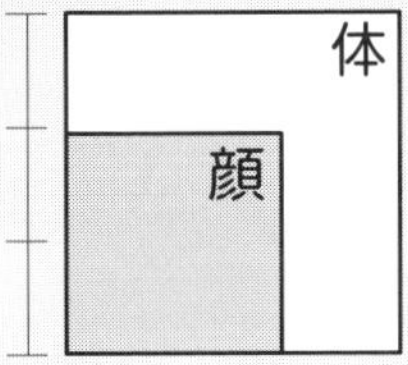

難しさ
★★★★☆

3
手前の紙だけを折り上げる。

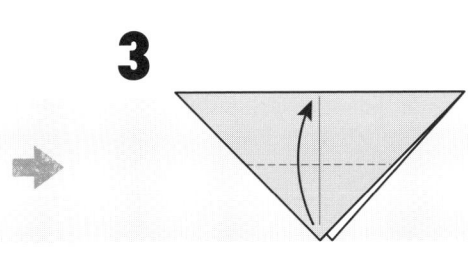

4
点線のところまで折り上げる。

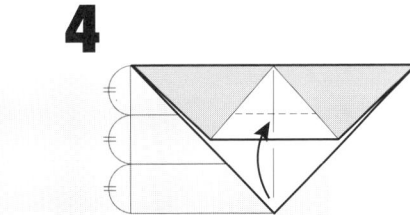

5
上の角を折り下げる。

6
折り下げたところ。これを裏返す。

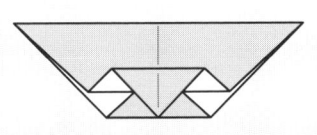

11月

12
点線の位置で折り上げる。

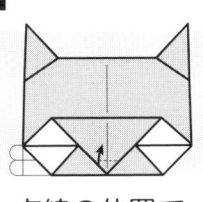

できあがり！
描く
塗る

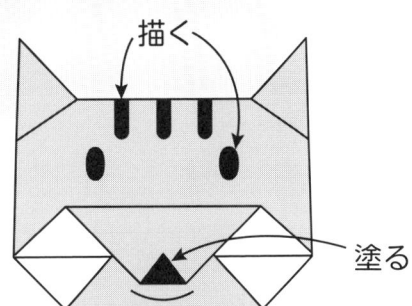

リス（つづき）

体

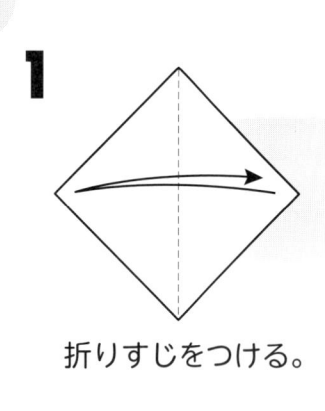

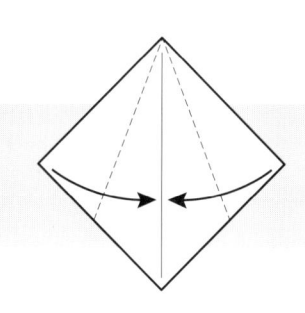

1 折りすじをつける。

2 中心に合わせて図のように折る。

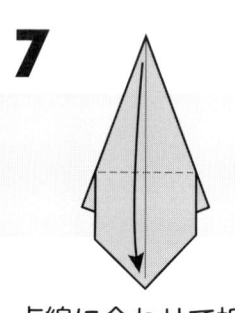

8 上の紙だけ折りすじをつける。

7 点線に合わせて折る。

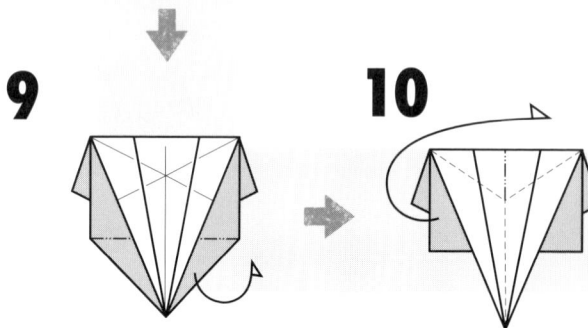

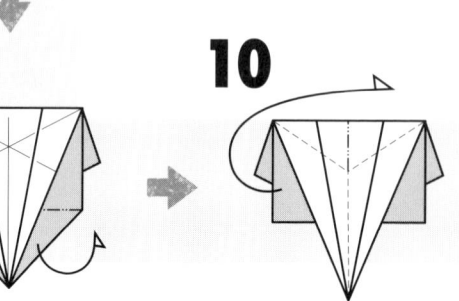

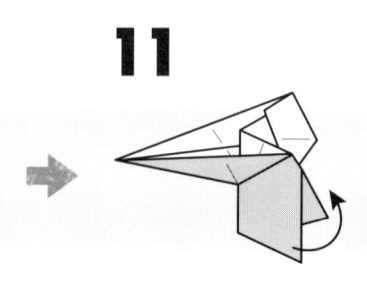

9 ⑩の図になるように裏側に折る。

10 折りすじ線の通りに折る。

11 ⑫の図になるように折る。

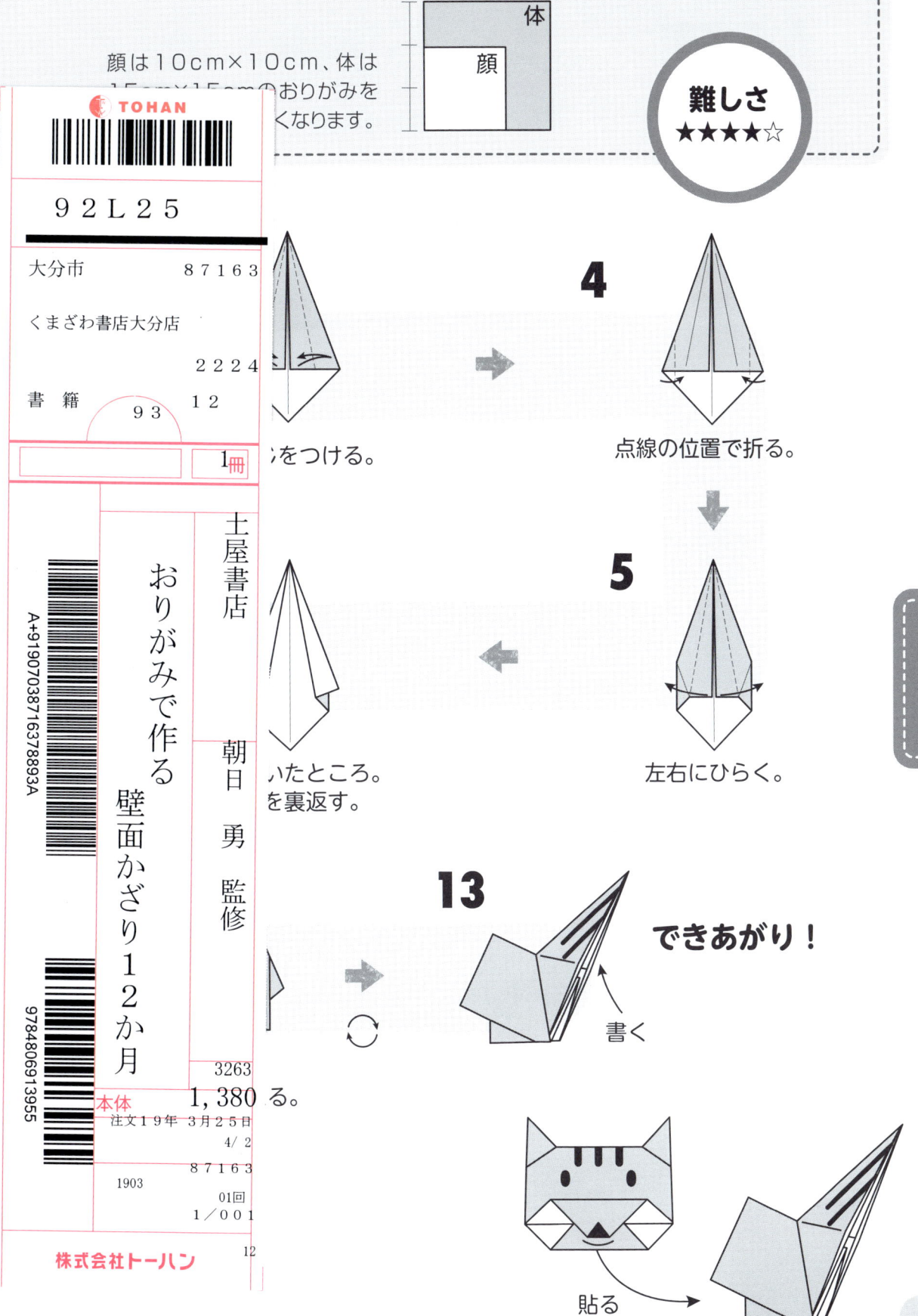

顔は10cm×10cm、体は15cm×15cmのおりがみを使うとよいです。

難しさ ★★★★☆

4 点線の位置で折る。

5 左右にひらく。

をつける。

たところ。
を裏返す。

13

できあがり！

書く

貼る

11月

妖精

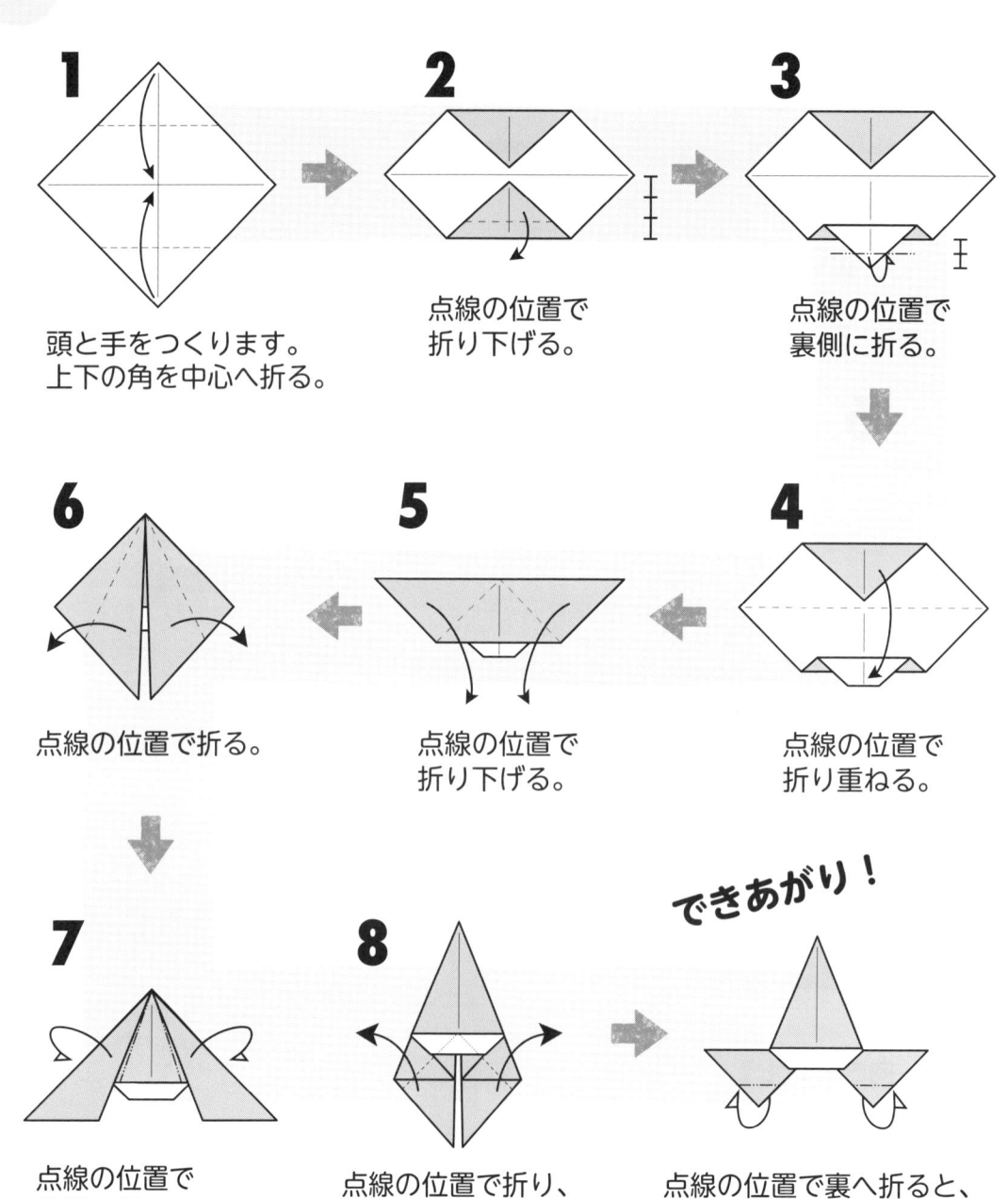

頭

1 頭と手をつくります。上下の角を中心へ折る。

2 点線の位置で折り下げる。

3 点線の位置で裏側に折る。

4 点線の位置で折り重ねる。

5 点線の位置で折り下げる。

6 点線の位置で折る。

7 点線の位置で裏側に折る。

8 点線の位置で折り、次の図の形にする。

できあがり！ 点線の位置で裏へ折ると、手と頭のできあがり。

12月

難しさ
★★★★☆

体

1 折りすじをつける。

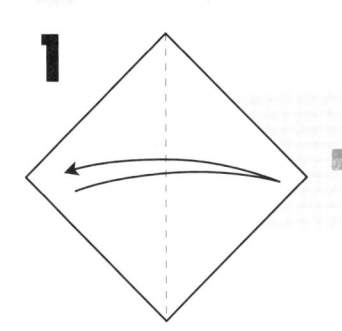

2 中心に合わせて図のように折る。

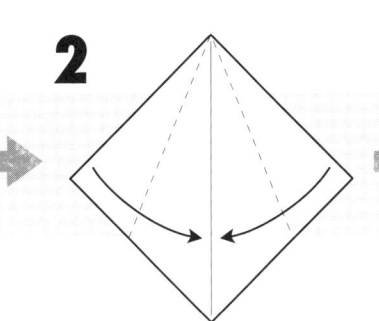

3 点線の位置でくるくると2回折る。

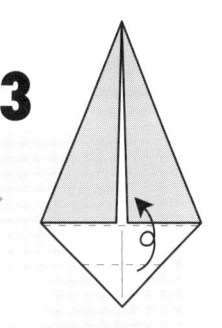

4 点線の位置で折り上げる。

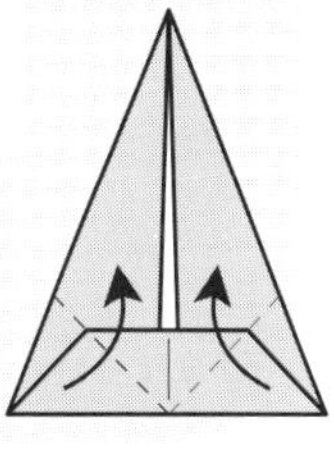

5 折ったところ。これを裏返す。

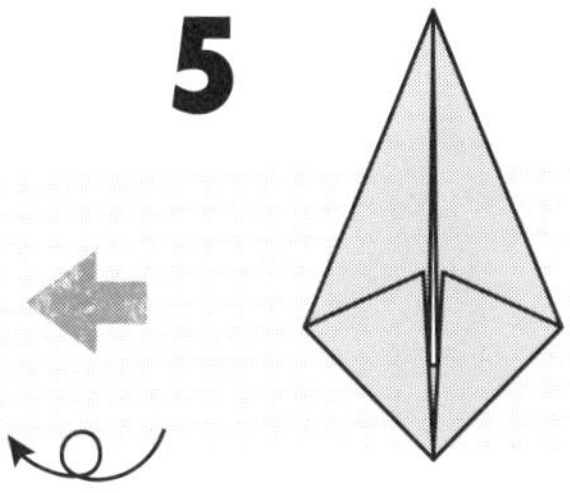

6 点線の位置で折り上げ、次の図の形にする。

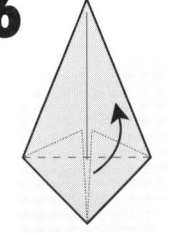

12月

できあがり

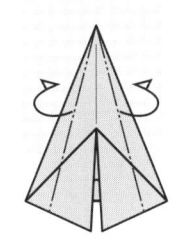

点線の位置で裏へ折ると胴体のできあがり。

組み合わせ

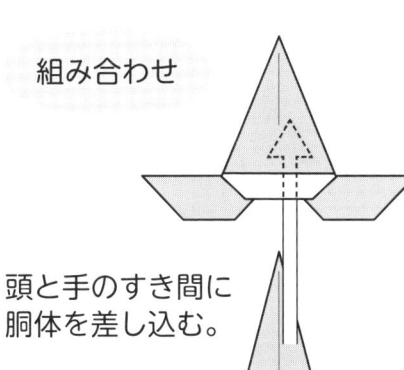

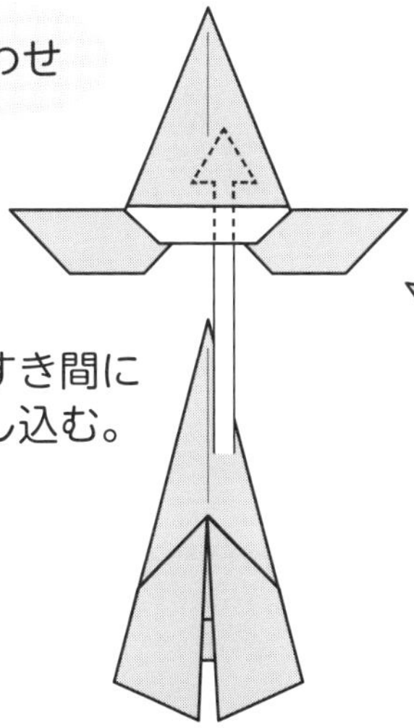

頭と手のすき間に胴体を差し込む。

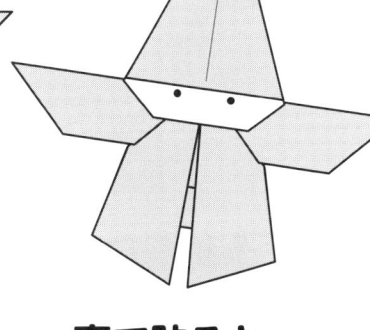

裏で貼るとできあがり

サンタクロース

頭

1 折りすじをつける。

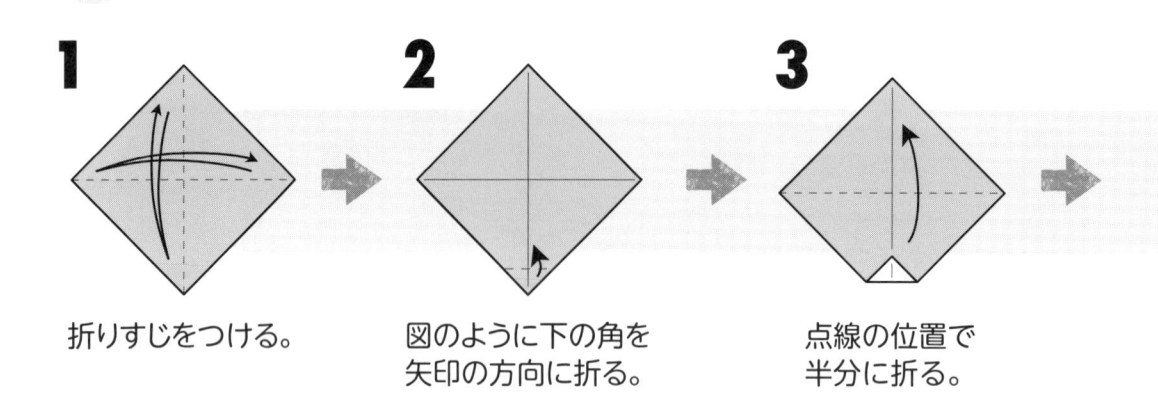

2 図のように下の角を矢印の方向に折る。

3 点線の位置で半分に折る。

12月

11 矢印の方向へひらいて、次の図の形にする。

10 折ったところ。これを裏返す。

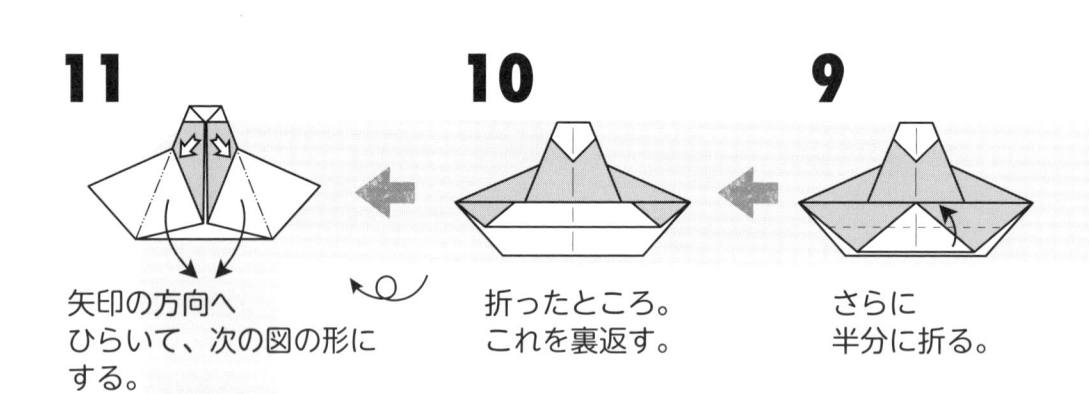

9 さらに半分に折る。

12 点線の位置で矢印の方向へ折る。このとき次の図になるように内側に折り込む。

13 裏返す。

14 点線の位置で矢印の方向へ折る。

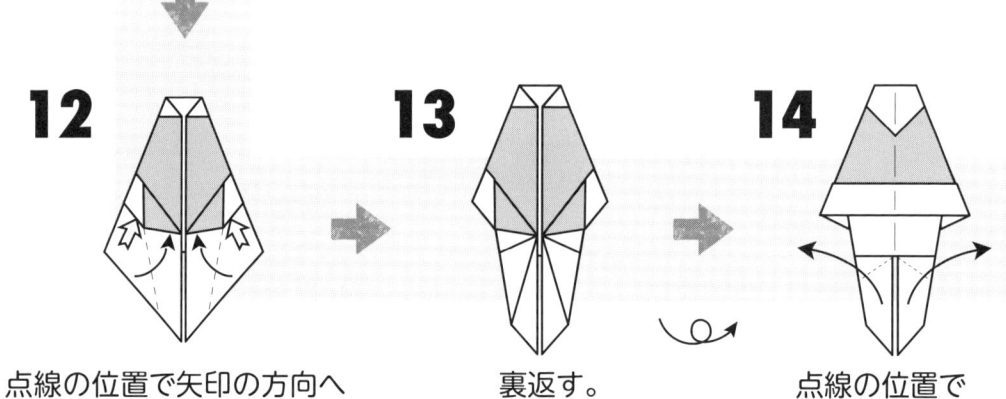

難しさ
★★★☆☆

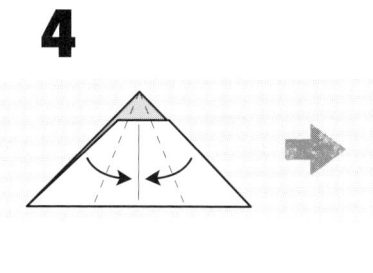

4
点線の位置で矢印の方向に折る。

5 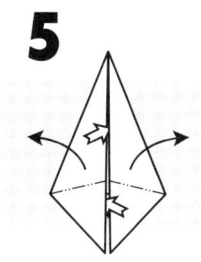
点線の位置からふくらませて折りたたみ、次の図の形にする。

6 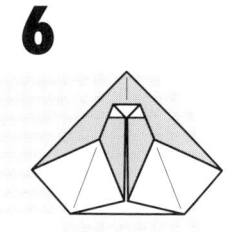
折ったところ。これを裏返す。

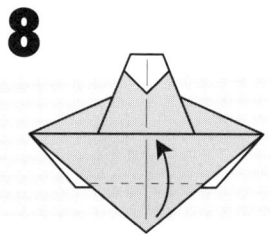

8
点線の位置で折る。

7 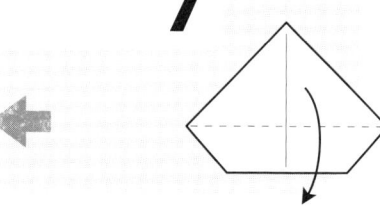
点線の位置で手前だけを折り下げる。

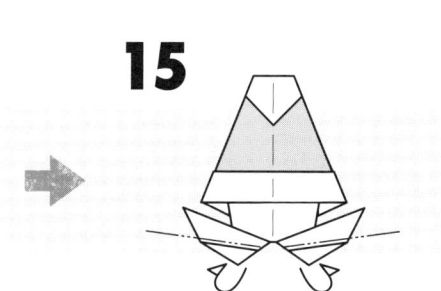

12月

15
点線の位置で裏へ折る。

できあがり！ 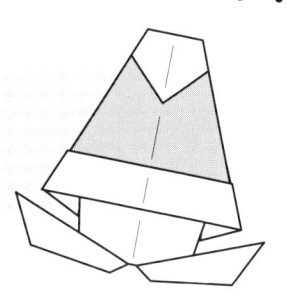
頭のできあがり。

97

サンタクロース(つづき)

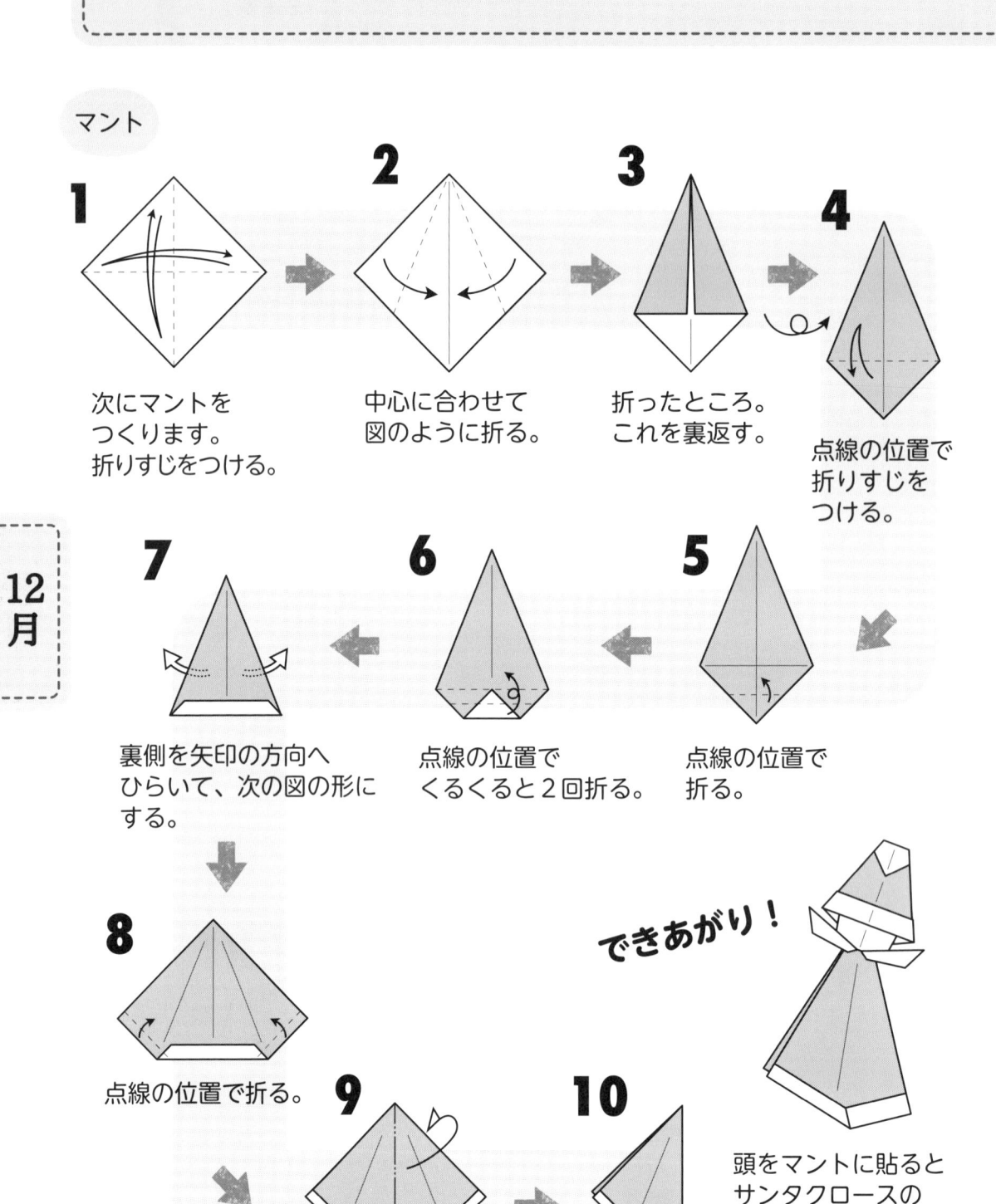

マント

1 次にマントをつくります。折りすじをつける。

2 中心に合わせて図のように折る。

3 折ったところ。これを裏返す。

4 点線の位置で折りすじをつける。

5 点線の位置で折る。

6 点線の位置でくるくると2回折る。

7 裏側を矢印の方向へひらいて、次の図の形にする。

8 点線の位置で折る。

9 中央の折りすじの位置で半分に折る。

10 向きを変えるとマントのできあがり。

できあがり！
頭をマントに貼るとサンタクロースのできあがり。

12月

難しさ
★★★☆☆

袋

1 折りすじをつける。

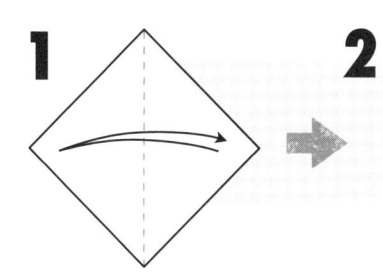

2 中心に合わせて図のように折る。

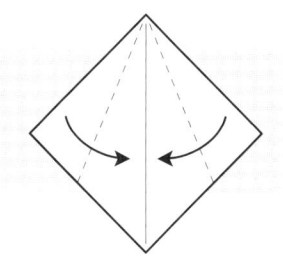

3 折りすじをつける。

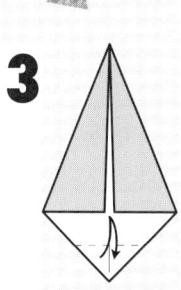

4 ③でつけた折りすじに合わせて折る。

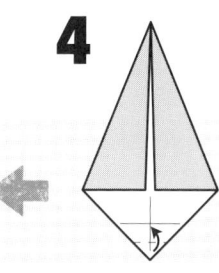

5 点線の位置で矢印の方向に折る。

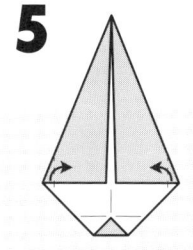

6 折ったところ。これを裏返す。

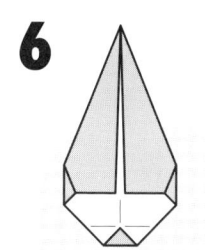

7 点線の位置で裏側に折る。

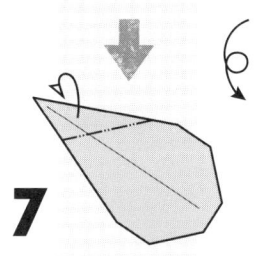

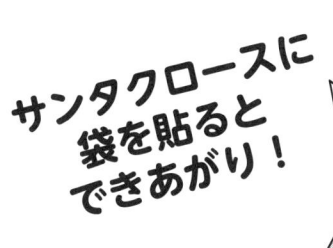

8 さらに点線の位置で裏へ折る。

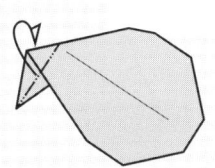

9 袋のできあがり。

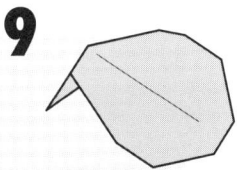

12月

サンタクロースに袋を貼るとできあがり！

ロウソク

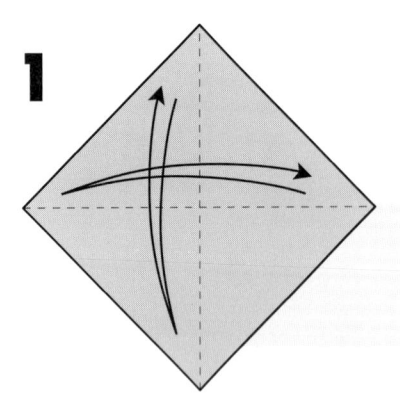

12月

1 折りすじをつける。

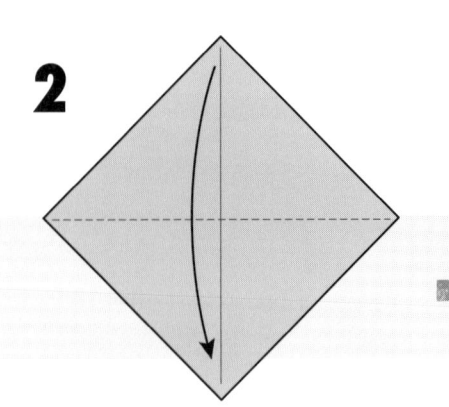

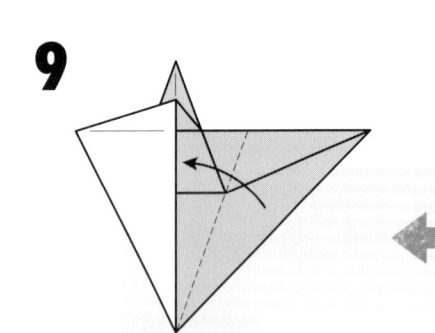

2 半分に折る。

9 反対側も⑤〜⑧と同様に折る。

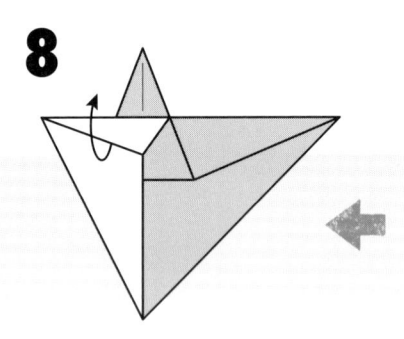

8 三角を回転させ上に上げる。

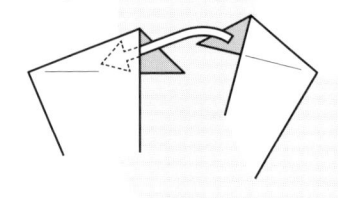

10 片方の先をもう一方のすき間に差しこむ。

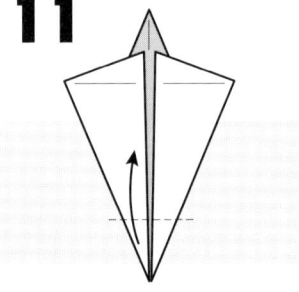

11 点線の位置で折り上げる。

難しさ
★★★★☆

3

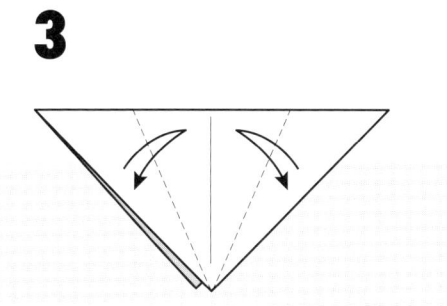

折りすじをつける。

4

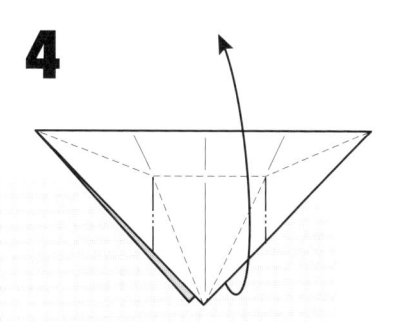

上の1枚だけ折りすじ線の通りに折り上げて、たたむ。

12月

5

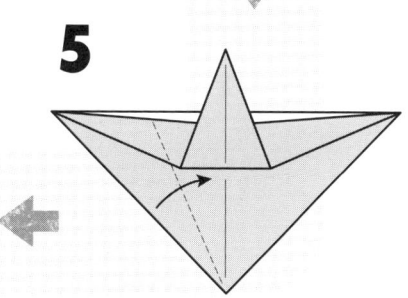

中心に合わせて、点線の位置で折る。

6

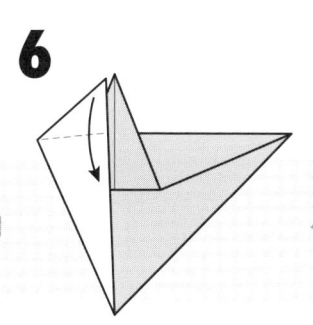

点線の位置で折り下げる。

7

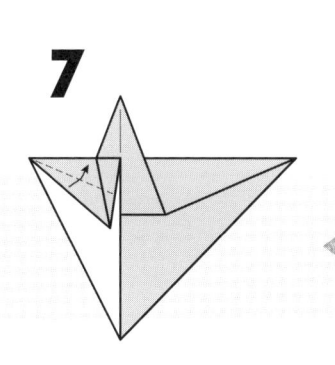

さらに点線の位置で折り上げる。

12

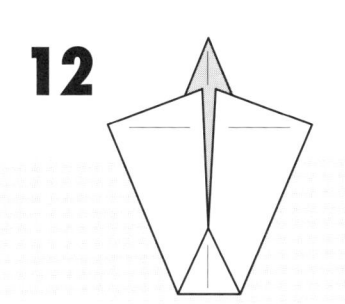

折ったところ。これを裏返す。

できあがり！

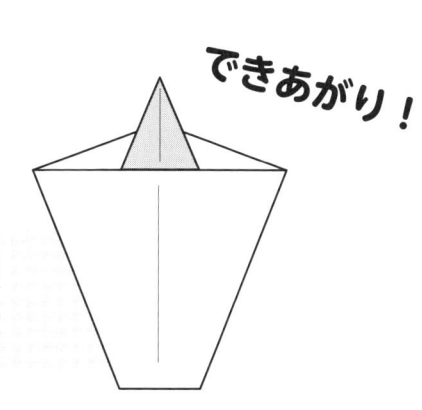

森の木

難しさ
★☆☆☆☆

枝と葉

1 枝と葉をつくります。折りすじをつける。

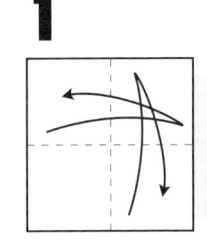

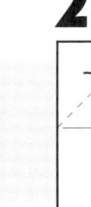

2 点線の位置で折る。

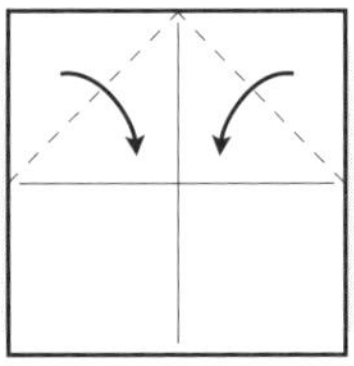

3 点線の位置で折り上げる。

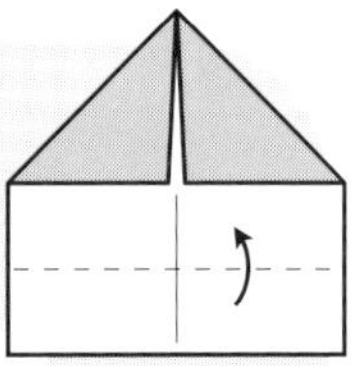

4 点線の位置で裏側に折る。その後に裏返す。

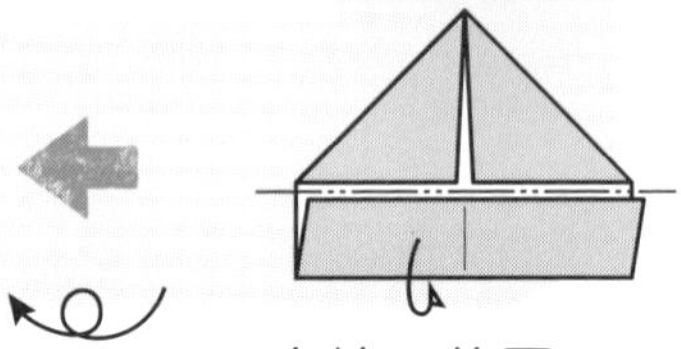

5 点線の位置で折る。

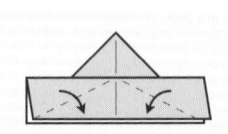

6 同じものをあと2つつくって差し込み、貼ると枝と葉のできあがり。

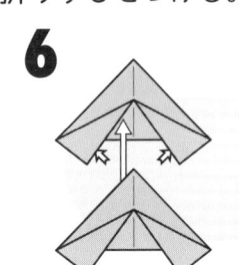

12月

幹

1 次に、幹をつくります。中心に合わせて折る。

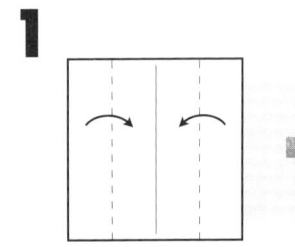

2 さらに点線の位置で折る。

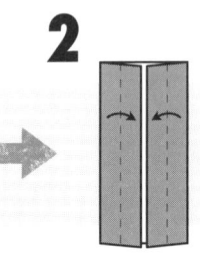

3 中心の折りすじで半分に折る。

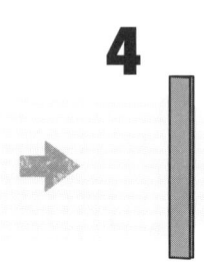

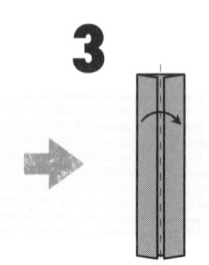

4 ぱらぱらとひらく部分をすべて貼れば、幹のできあがり。

枝と葉
幹

枝と葉の下に幹を貼るとできあがり！

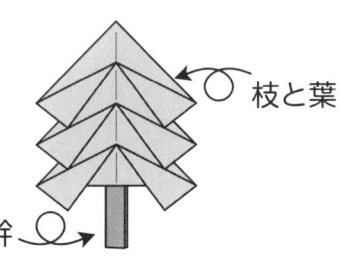

星

難しさ
★☆☆☆☆

1 折りすじをつける。

2 中心に合わせて折る。

3 さらに中心に合わせて折る。

4 点線の位置で矢印の方向へ折る。

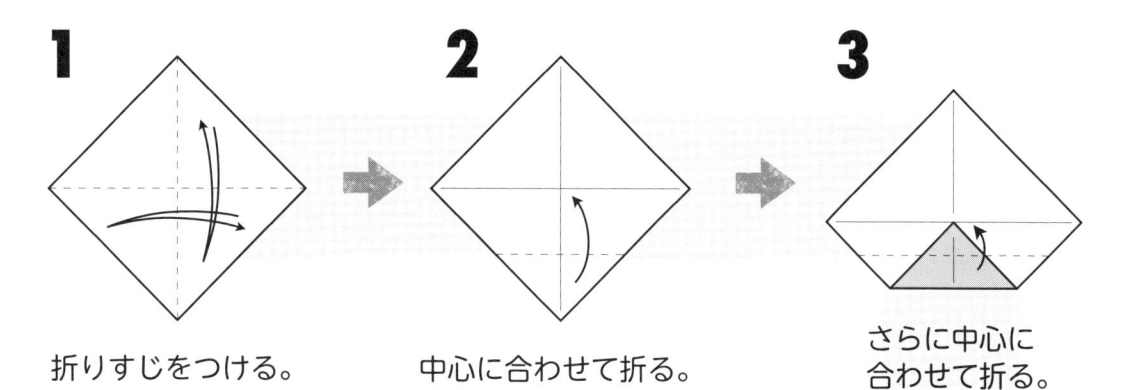

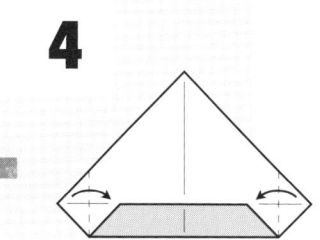

5 さらに点線の位置で折る。

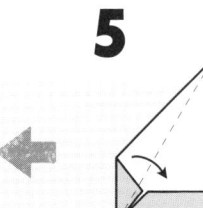

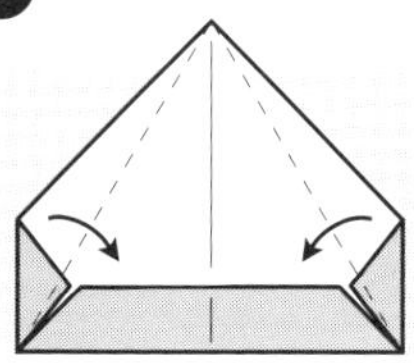

6 点線の位置で折りすじをつける。これを裏返す。

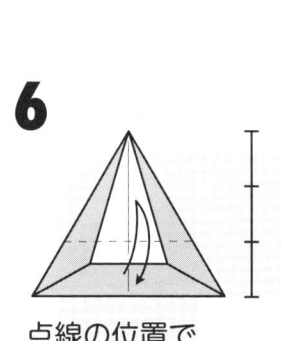

7 完成。

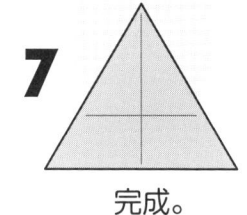

同じものをもう1つつくり、重ねて貼るとできあがり！

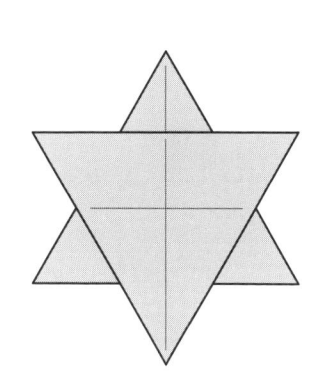

12月

ブーツ

1 半分に折る。

2 手前にある1枚を図のように折り下げる。

3 点線の位置で、折りすじをつける。

12月

10 左右の辺を図のように折る。

9 下の辺を図の位置で折り上げる。

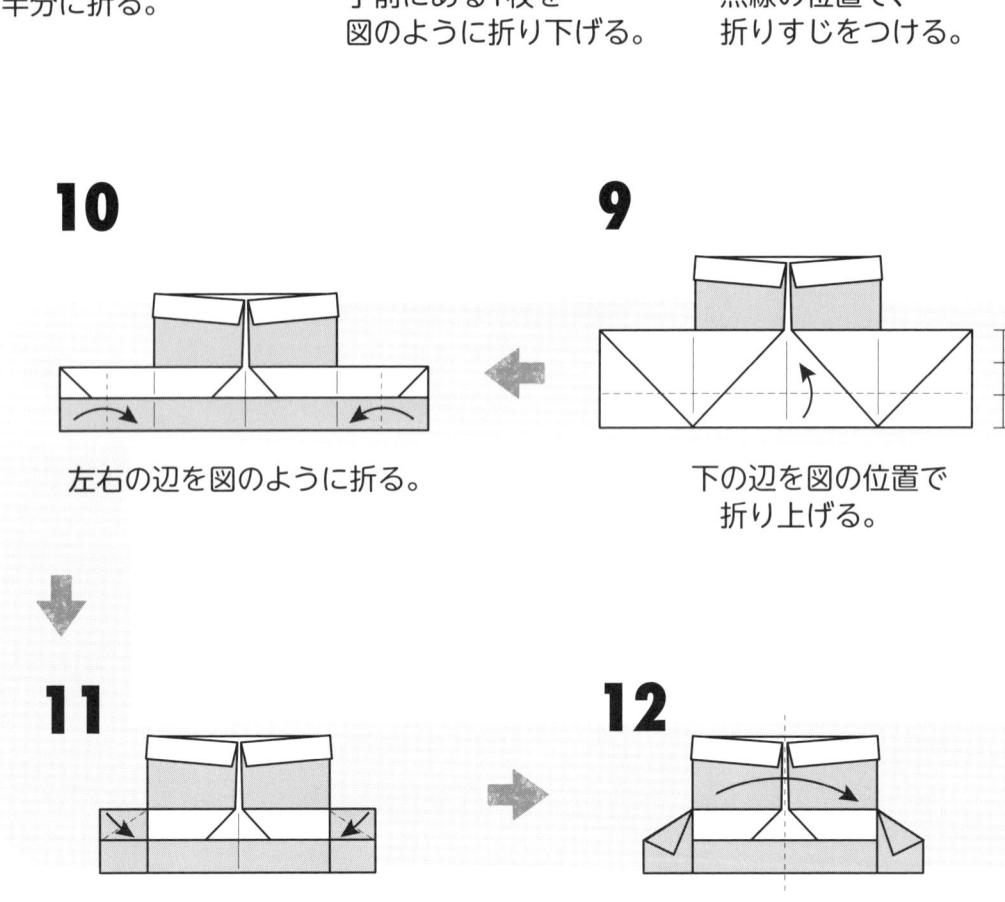

11 図のように、点線の位置で折る。

12 中心に合わせて半分に折る。

難しさ
★★☆☆☆

4 ③の折りすじに合わせて折る。

5 折ったところ。これを裏返す。

6 半分に折り、折りすじをつける。

7 左右の辺を中心に合わせて折る。

8 中心にきた2つのすき間をひらいて、つぶすように折る。

できあがり！

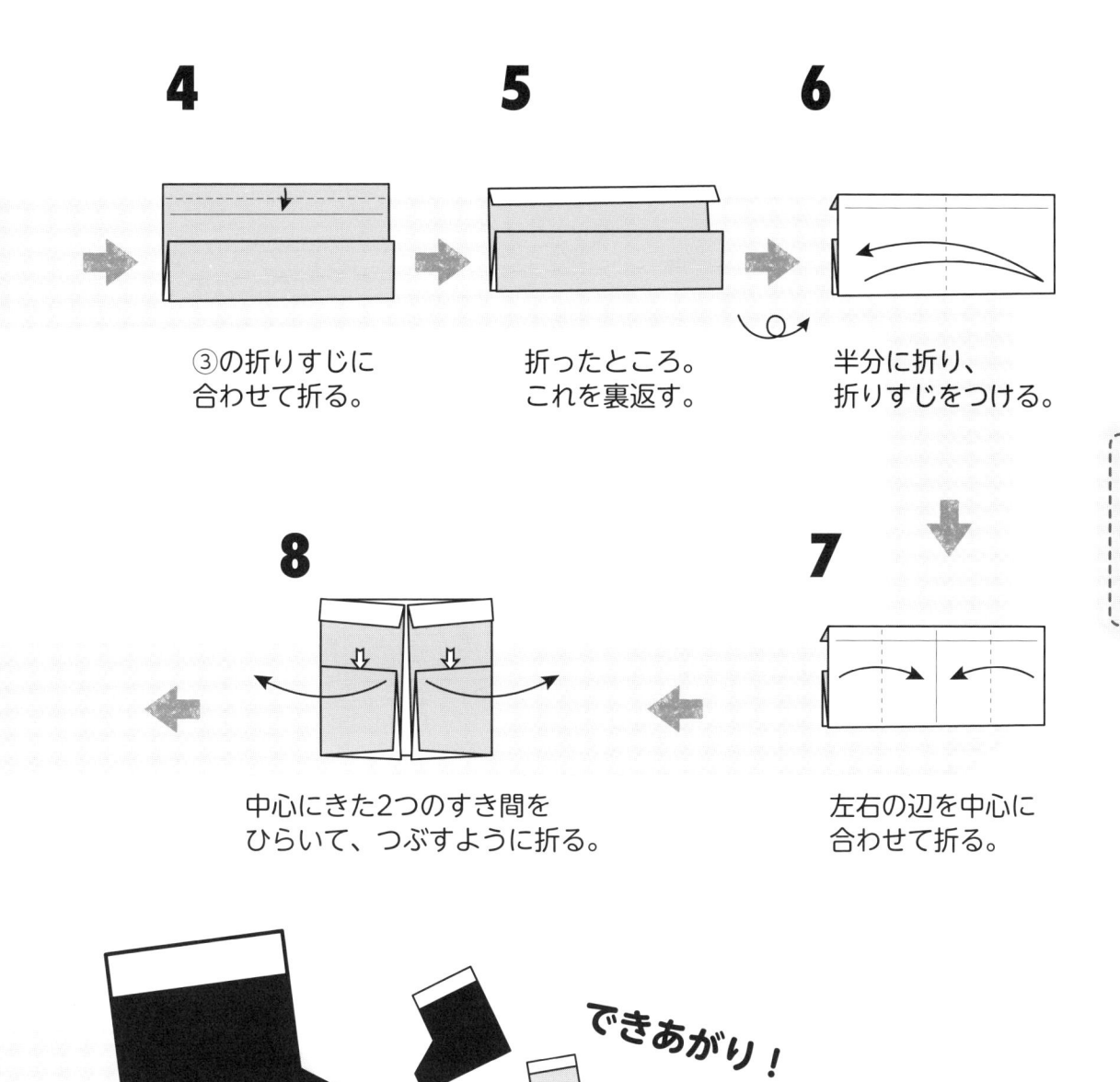

大きいサイズのおりがみ（26cm×26cm）を使用しよう。

12月

ペンギン

難しさ
★☆☆☆☆

1 折りすじをつける。

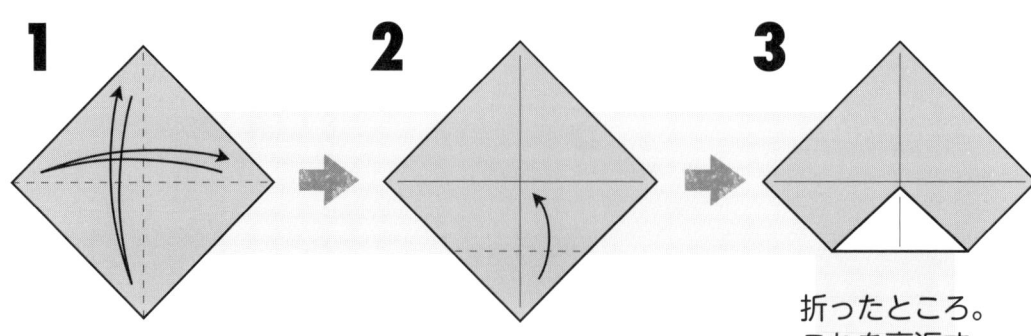

2 中心に合わせて折る。

3 折ったところ。これを裏返す。

4 左右の角を中心に合わせて折り、上の角は折りすじをつける。

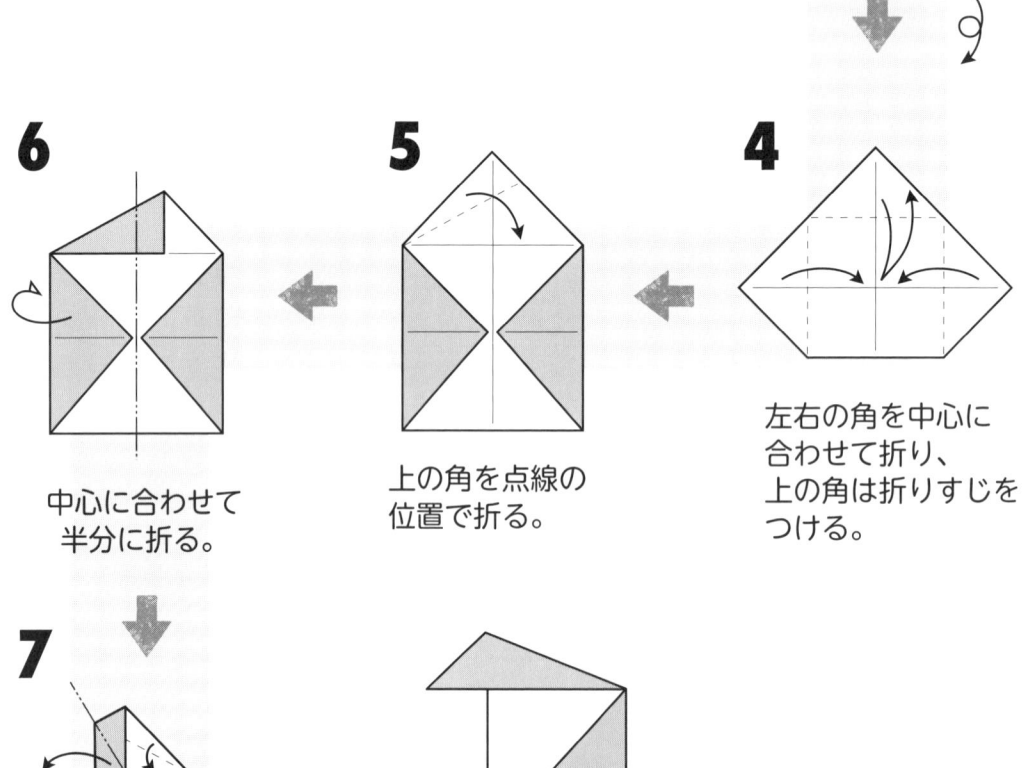

5 上の角を点線の位置で折る。

6 中心に合わせて半分に折る。

7 角を引き出して、折りたたむ。

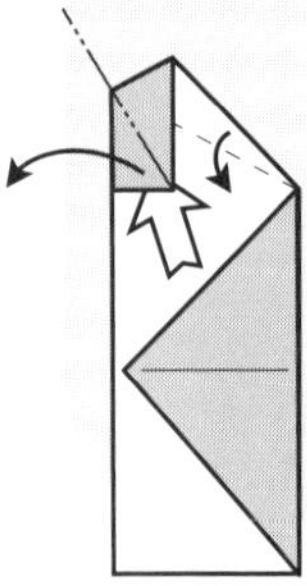

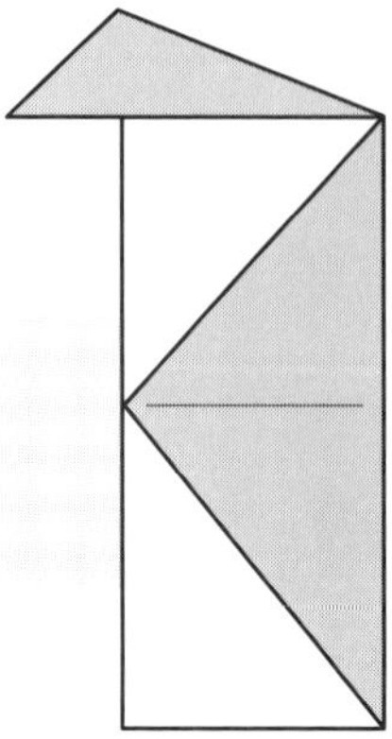

できあがり！

1月

玉

難しさ ★★☆☆☆

1 折りすじをつける。

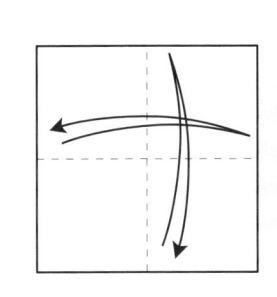

2 左下の角を中心に合わせて折る。

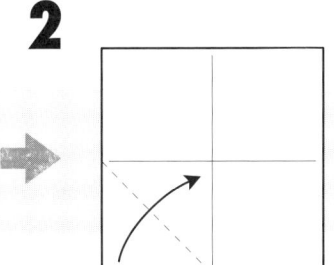

3 矢印の方向に折り上げる。

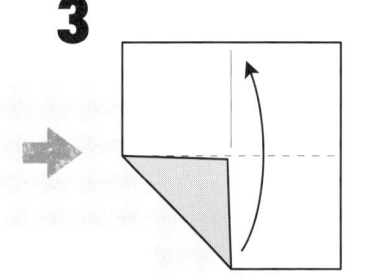

4 上の紙だけ折りすじをつける。

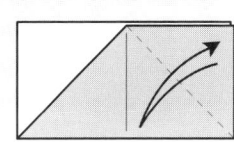

5 中心で2つ折りしながら、上の紙だけ袋の間に挟む。これを8枚つくる。

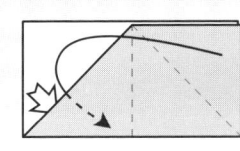

6 ひらく角を左上にしてすき間に差し込む。（※○印の位置参考）

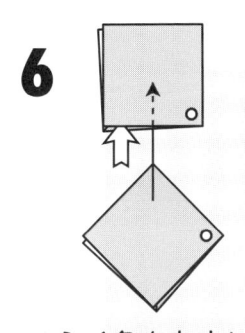

7 同様に8枚をつなげ、⑧のような円形にする。

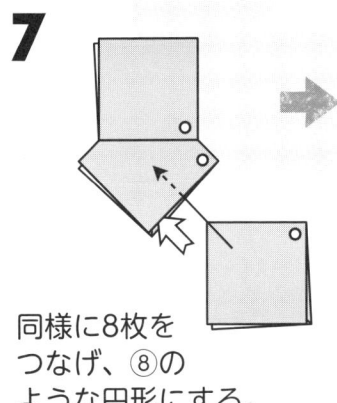

8 点線の位置で折ってすき間に差し込む。

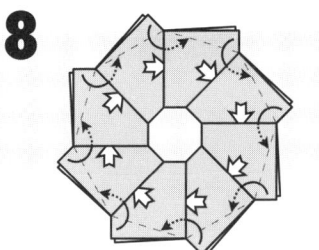

9 裏返す。

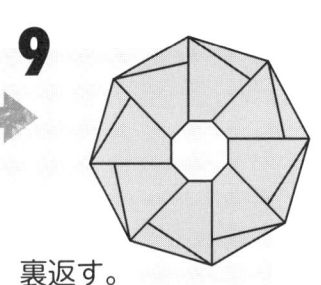

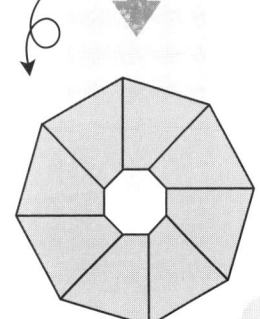

できあがり！

1月

雪だるま

難しさ
★★☆☆☆

1 折りすじをつける。

2 左右の角を中心に合わせて折る。

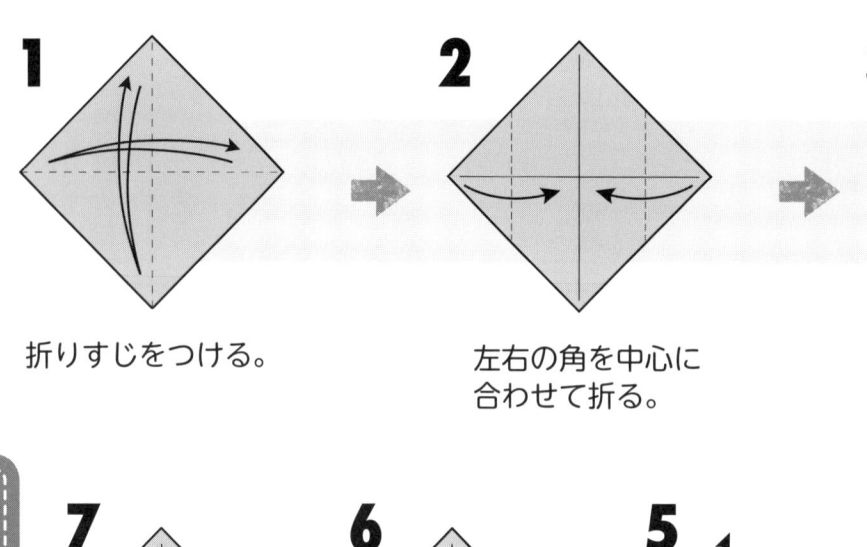

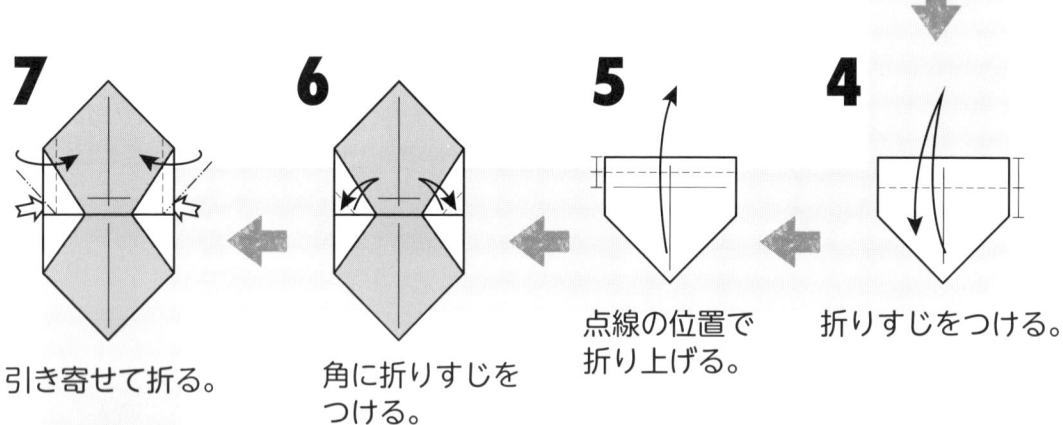

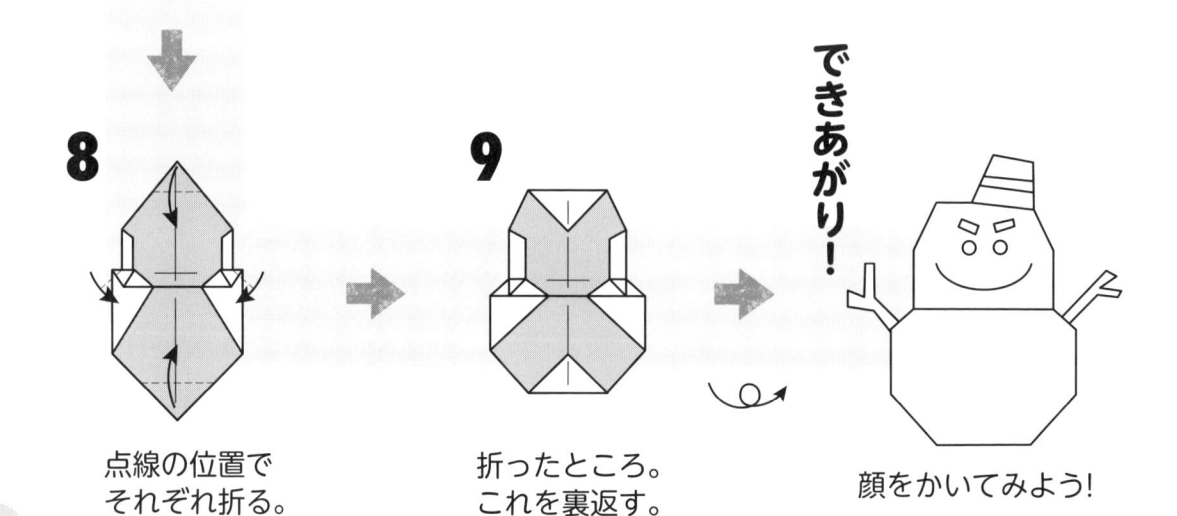

3 半分に折る。

4 折りすじをつける。

5 点線の位置で折り上げる。

6 角に折りすじをつける。

7 引き寄せて折る。

8 点線の位置でそれぞれ折る。

9 折ったところ。これを裏返す。

できあがり！
顔をかいてみよう！

1月

108

手袋

難しさ ★★☆☆☆

1 折りすじをつける。

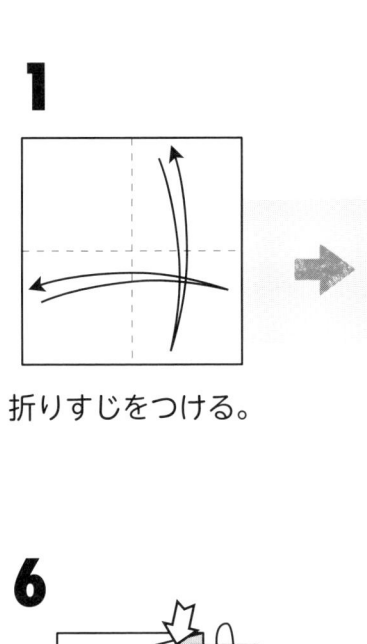

2 下の辺を裏側に折る。

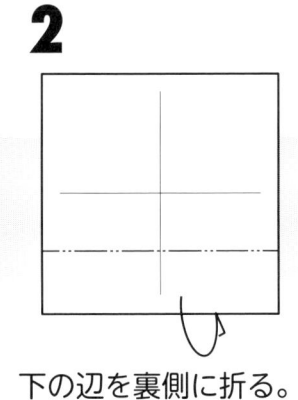

3 左へ半分に折る。

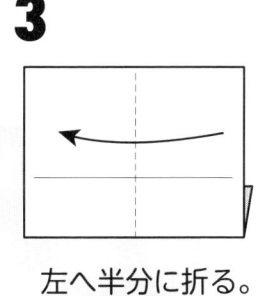

4 手前の1枚だけ点線の位置で右へ折る。

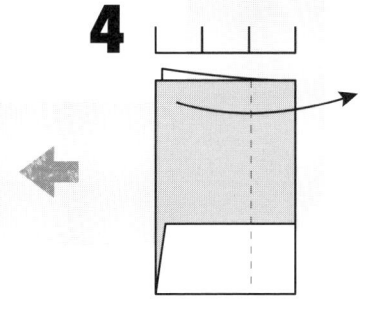

5 点線の位置で折りすじをつける。

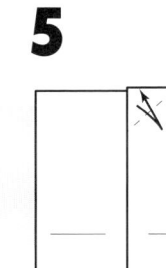

6 ひらいて折りたたむ。

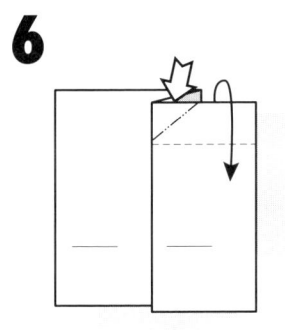

7 図のようにそれぞれ内側へ折る。その後に裏返す。

8 左下の角を裏へ折る。

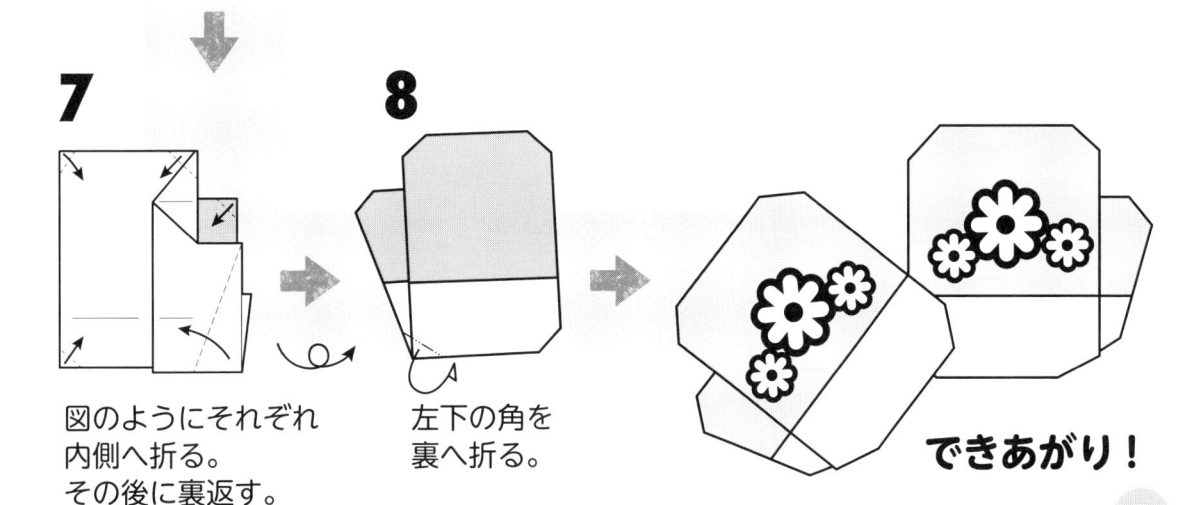

できあがり！

1月

家①

1 折りすじをつける。

2 中心に合わせて図のように折る。

3 折ったところ。これを裏返す。

11 折ったところ。これを裏返す。

10 点線の位置で1枚だけ左へ折る。

できあがり！

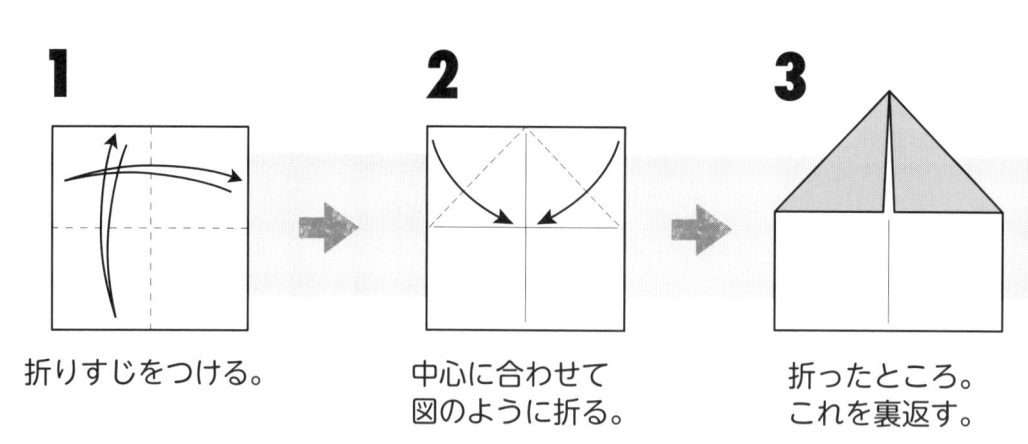

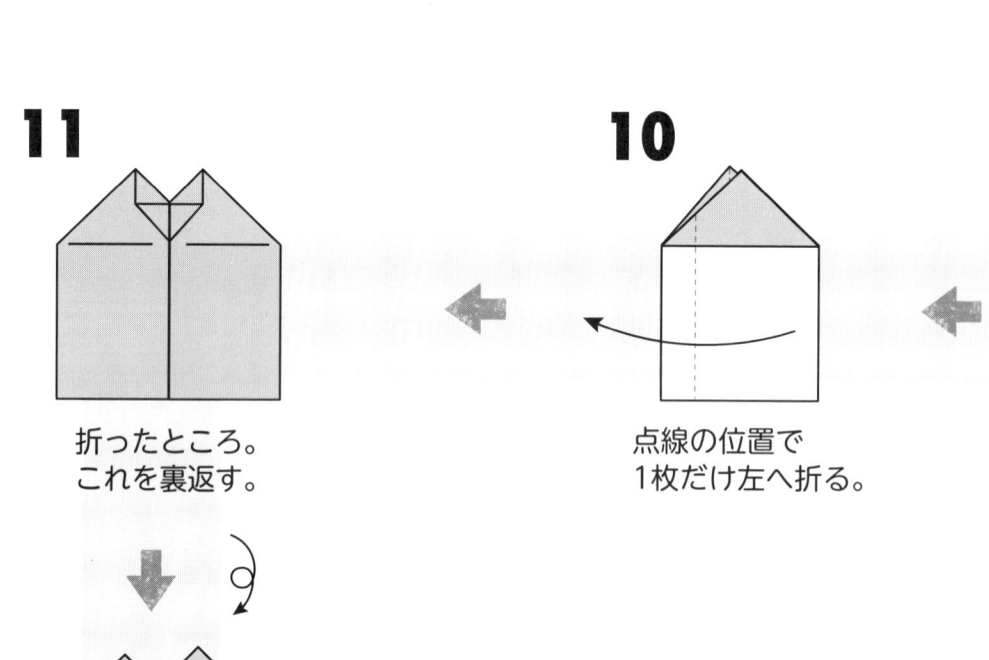

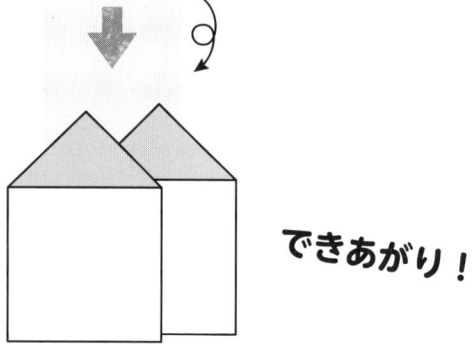

2階建ての家

1月

難しさ
★★★★☆

4 上の角を中心に合わせて折る。

5 中心に合わせて半分に折る。

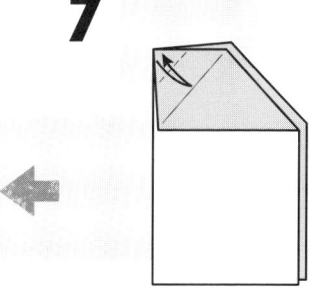

6 折りすじをつける。

7 さらに折りすじをつける。

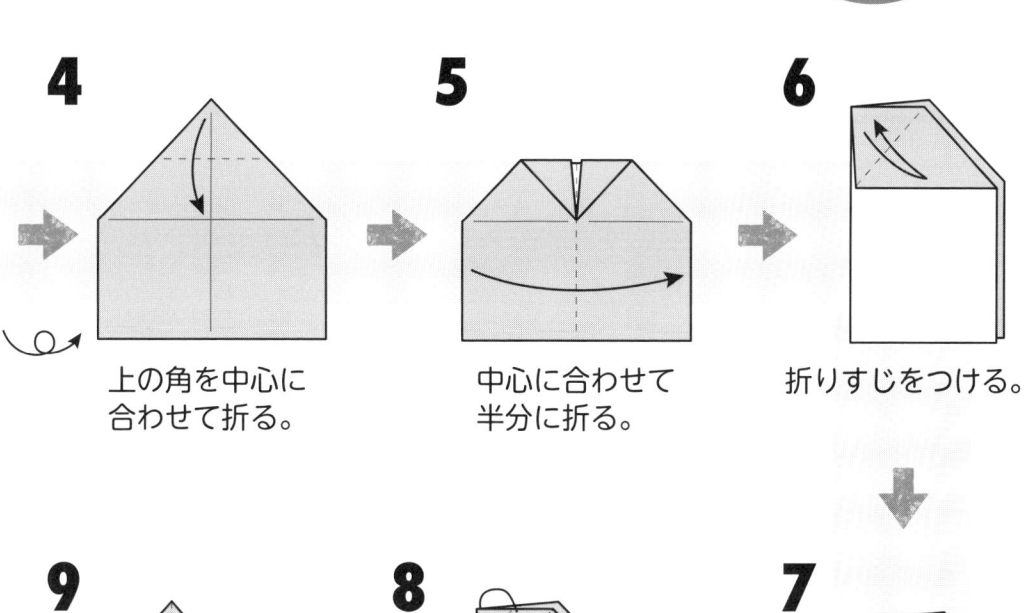

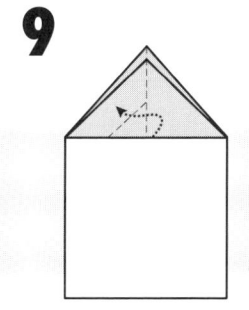

8 中割り折り。

9 角を点線の位置で反対方向へ中割り折り。

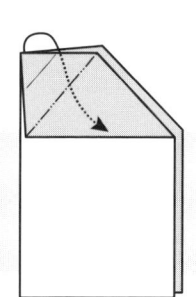

ひらやの家
⑩までは同じ折り

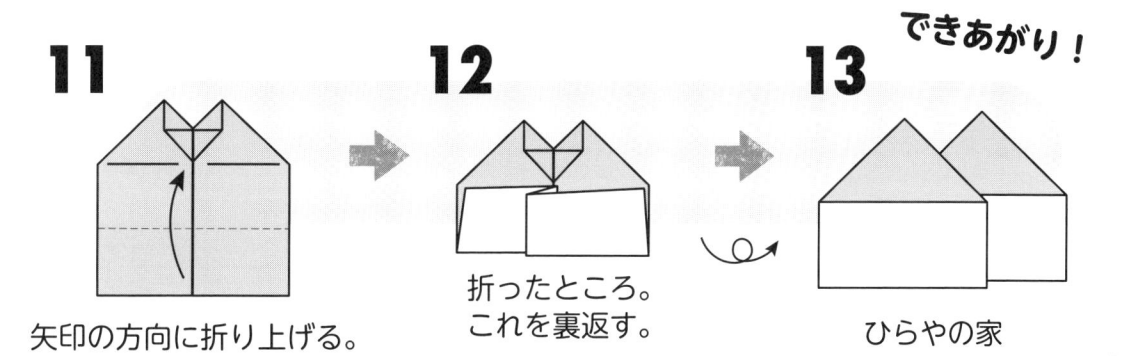

11 矢印の方向に折り上げる。

12 折ったところ。これを裏返す。

13 できあがり！
ひらやの家

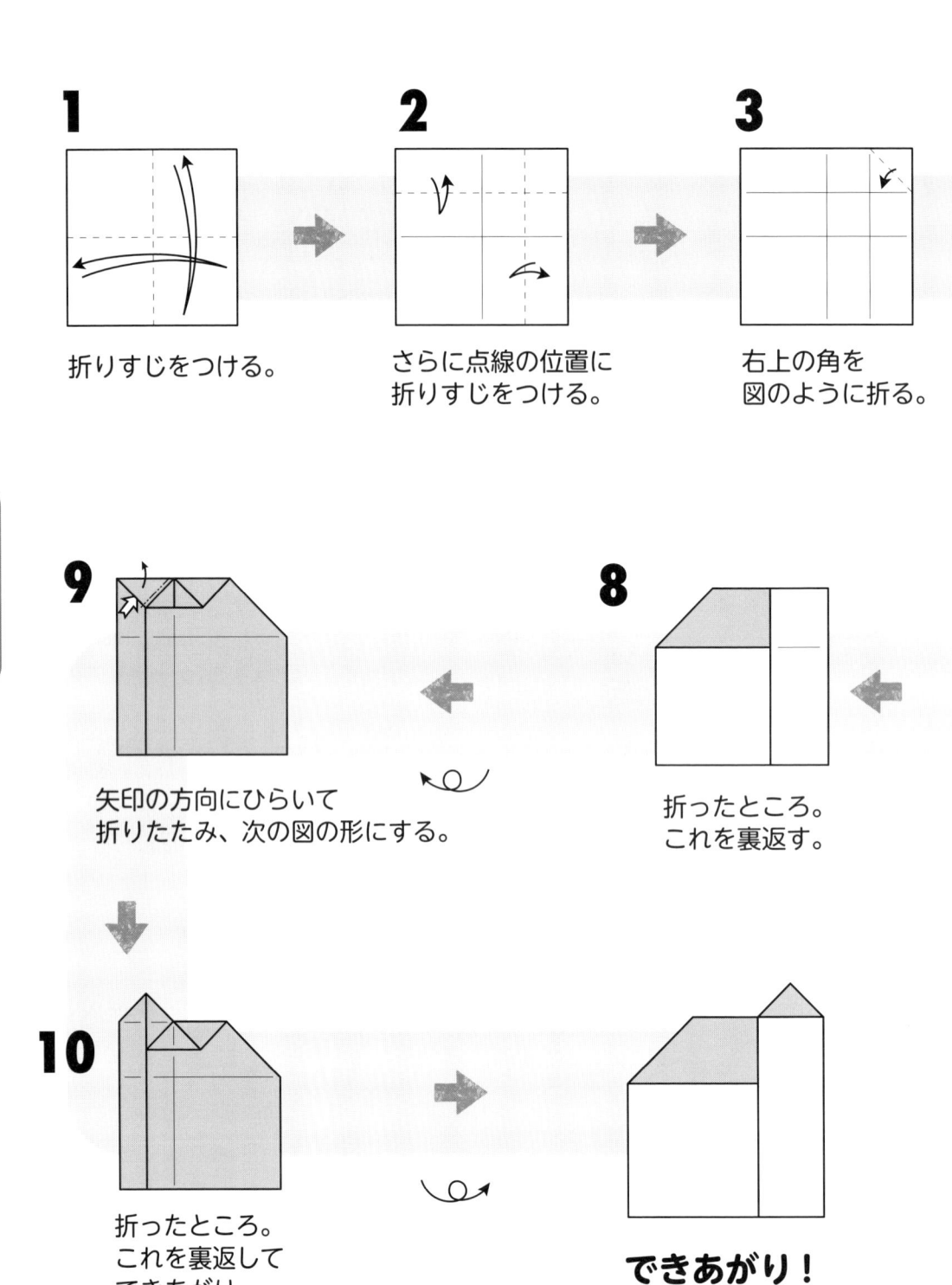

家②

1 折りすじをつける。

2 さらに点線の位置に折りすじをつける。

3 右上の角を図のように折る。

9 矢印の方向にひらいて折りたたみ、次の図の形にする。

8 折ったところ。これを裏返す。

10 折ったところ。これを裏返してできあがり。

できあがり！

1月

難しさ
★★★☆☆

4 左上の角を図のように折る。

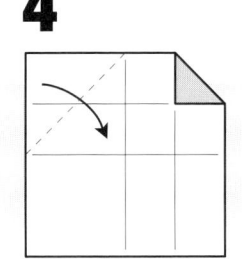

5 点線の位置で下へ折る。

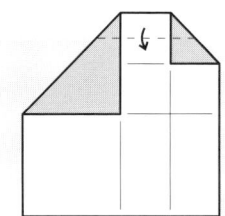

6 矢印の方向に段折りする。

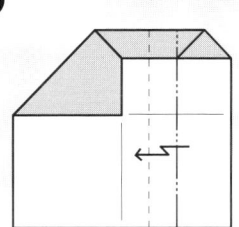

7 点線の位置で裏へ折る。

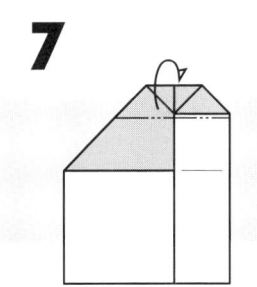

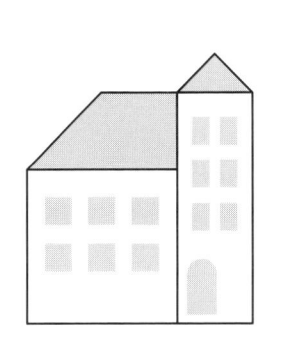

1月

ポイント＆アドバイス
おりがみを小さく四角く切って貼り、家に窓やドアをつけてみましょう。

梅

上部

1 半分に折る。

2 折りすじをつける。

3 左右の角を折り上げる。

2月

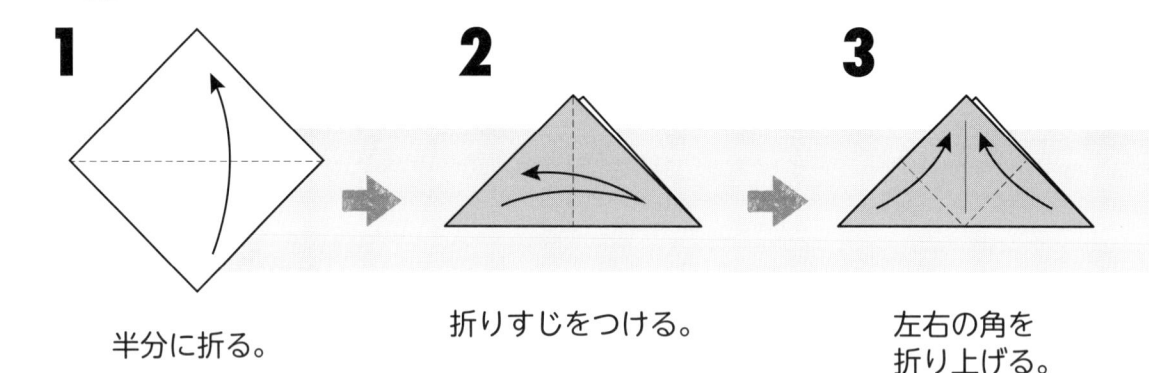

下部

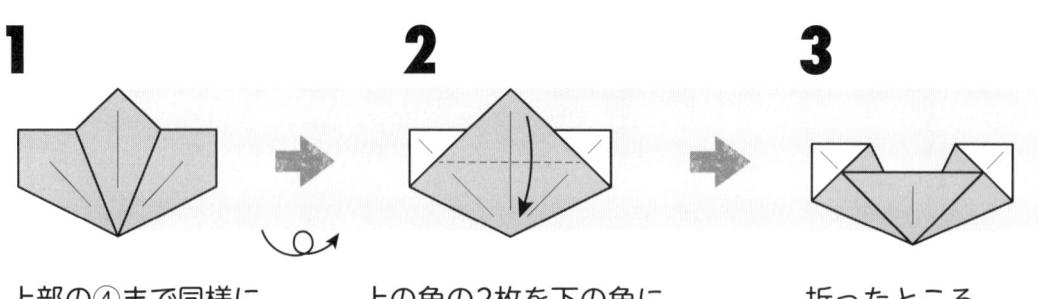

1 上部の④まで同様に折ったら、裏返す。

2 上の角の2枚を下の角に合わせて折り下げる。

3 折ったところ。これを裏返す。

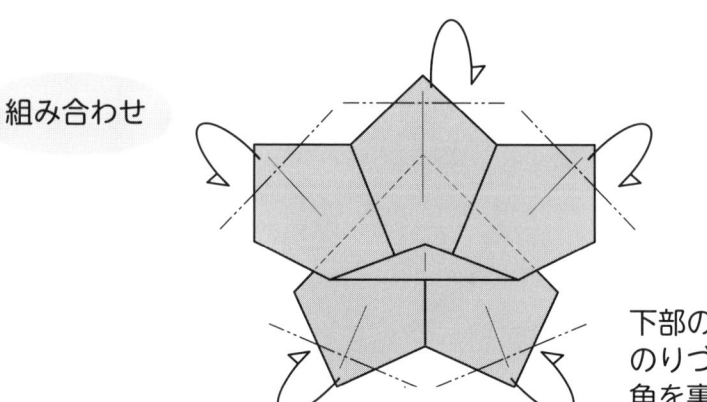

組み合わせ

下部の上に上部を重ね、のりづけする。点線の位置で、角を裏側に折る。

難しさ
★★☆☆☆

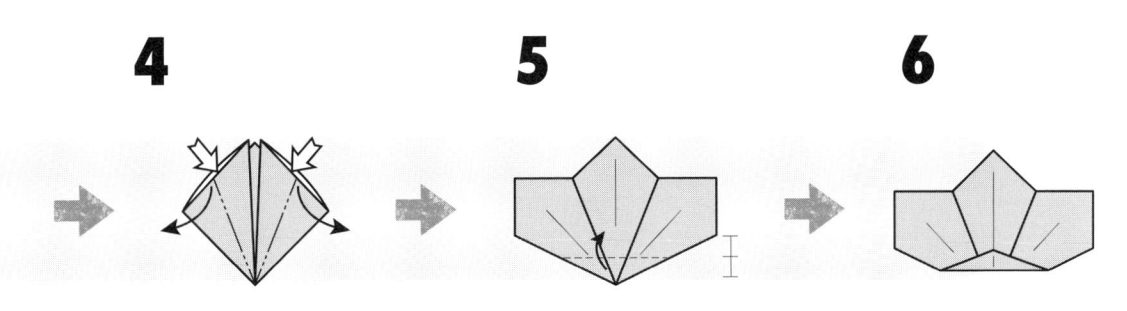

4 手前側のすき間をそれぞれひらき、⑤の形になるように折る。

5 点線の位置で折り上げる。

6 花びら上部の完成。

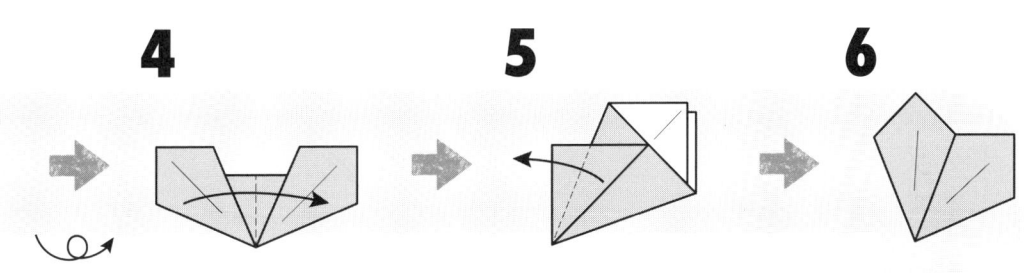

2月

4 中心に合わせて半分に折り重ねる。

5 手前側の1枚を点線の位置で折ってひらく。

6 ひらいたところ。このまま向きを変える。

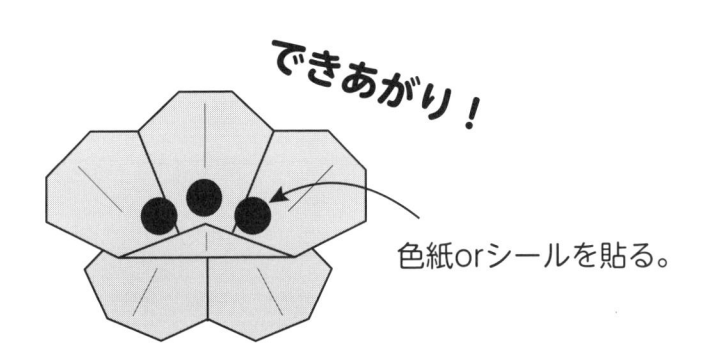

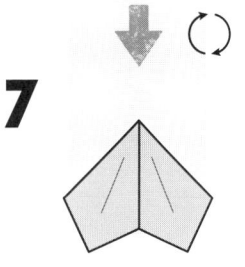

7 花びら下部の完成。

できあがり！
色紙orシールを貼る。

おたふく

1 折りすじをつける。

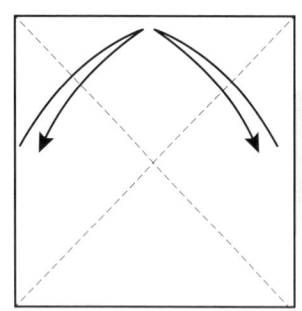

2 さらに折りすじをつける。

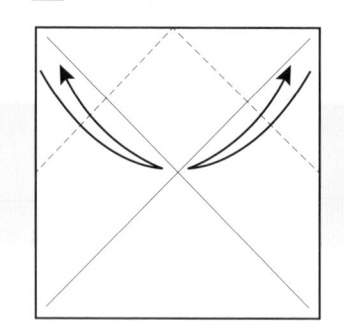

8 点線の位置で、内側に折る。

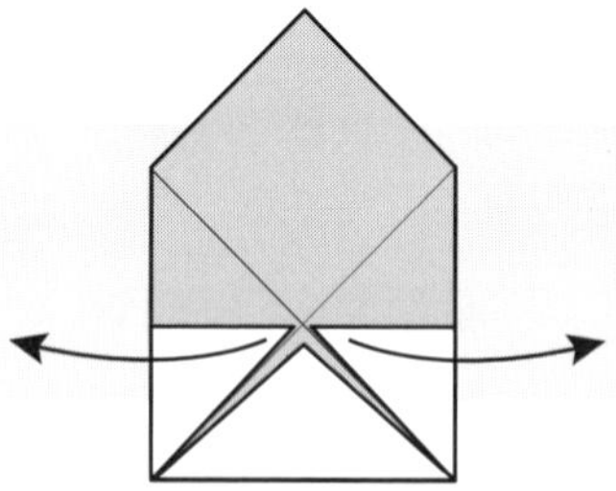

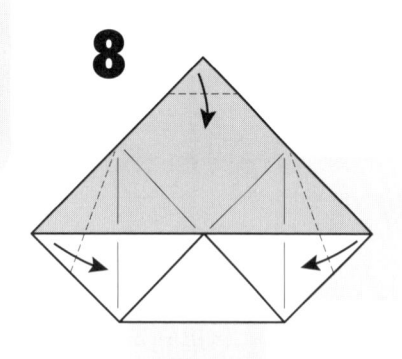

7 両側へひらく。

9 折ったところ。これを裏返す。

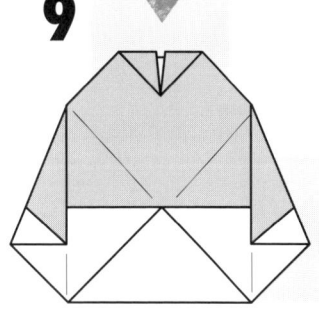

できあがり！

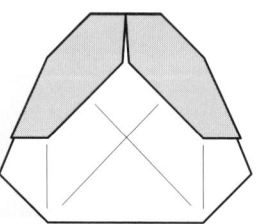

2月

難しさ
★☆☆☆☆

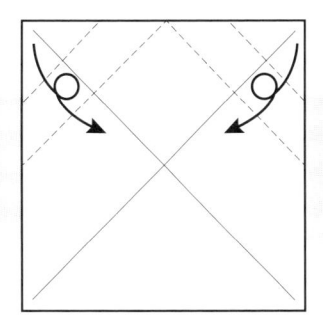

3

折りすじに合わせて巻くように折る。

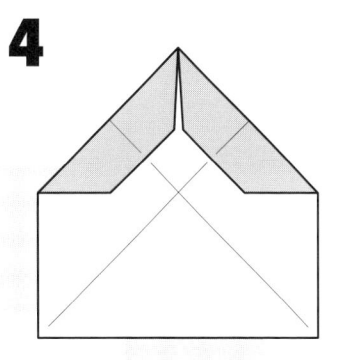

4

折ったところ。これを裏返す。

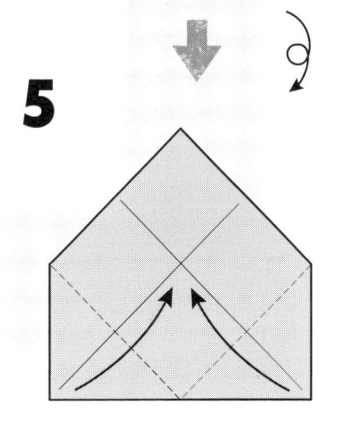

5

点線の位置で、中心へ折る。

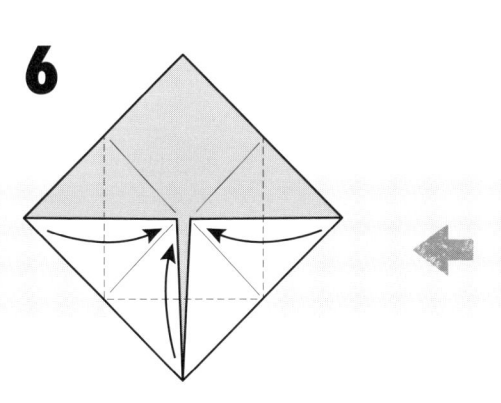

6

点線に合わせてそれぞれ内側へ折る。

顔をかいてみよう

2月

117

鬼

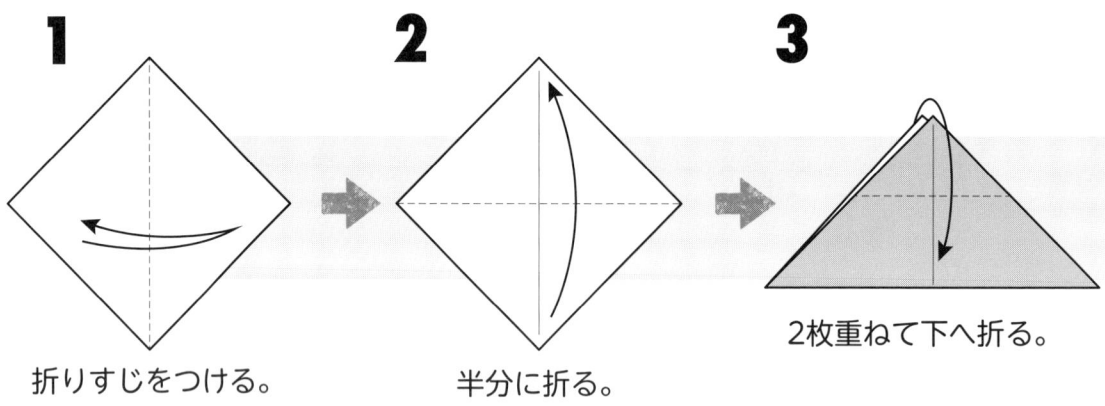

1 折りすじをつける。

2 半分に折る。

3 2枚重ねて下へ折る。

8 左右の角を中心に合わせて折って折りすじをつける。

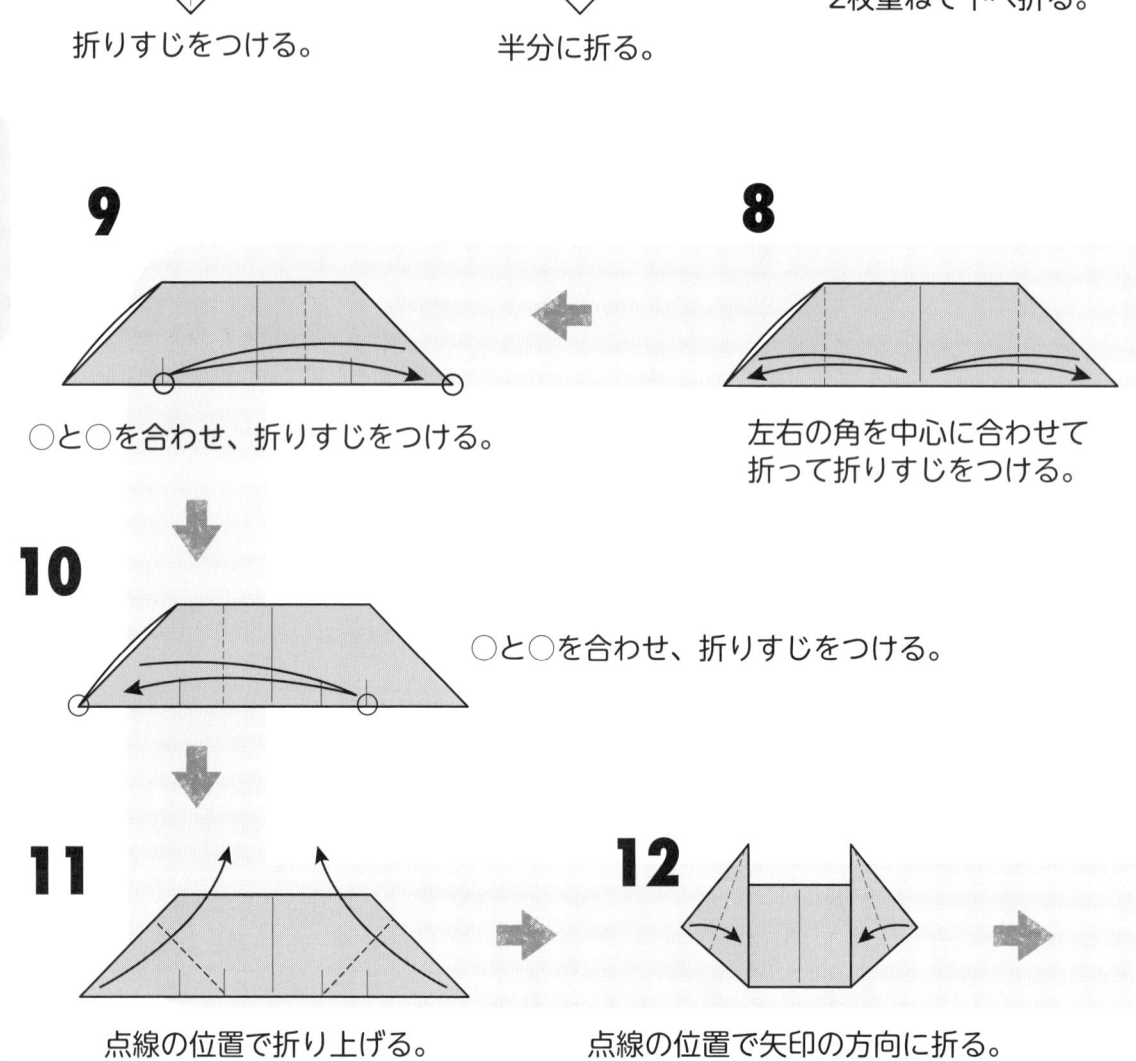

9 ○と○を合わせ、折りすじをつける。

○と○を合わせ、折りすじをつける。

10

11 点線の位置で折り上げる。

12 点線の位置で矢印の方向に折る。

2月

難しさ
★★☆☆☆

4 上の1枚だけ折り上げる。

5 少し残して下へ折る。

6 下の1枚を折り上げる。

7 折ったところ。これを裏返す。

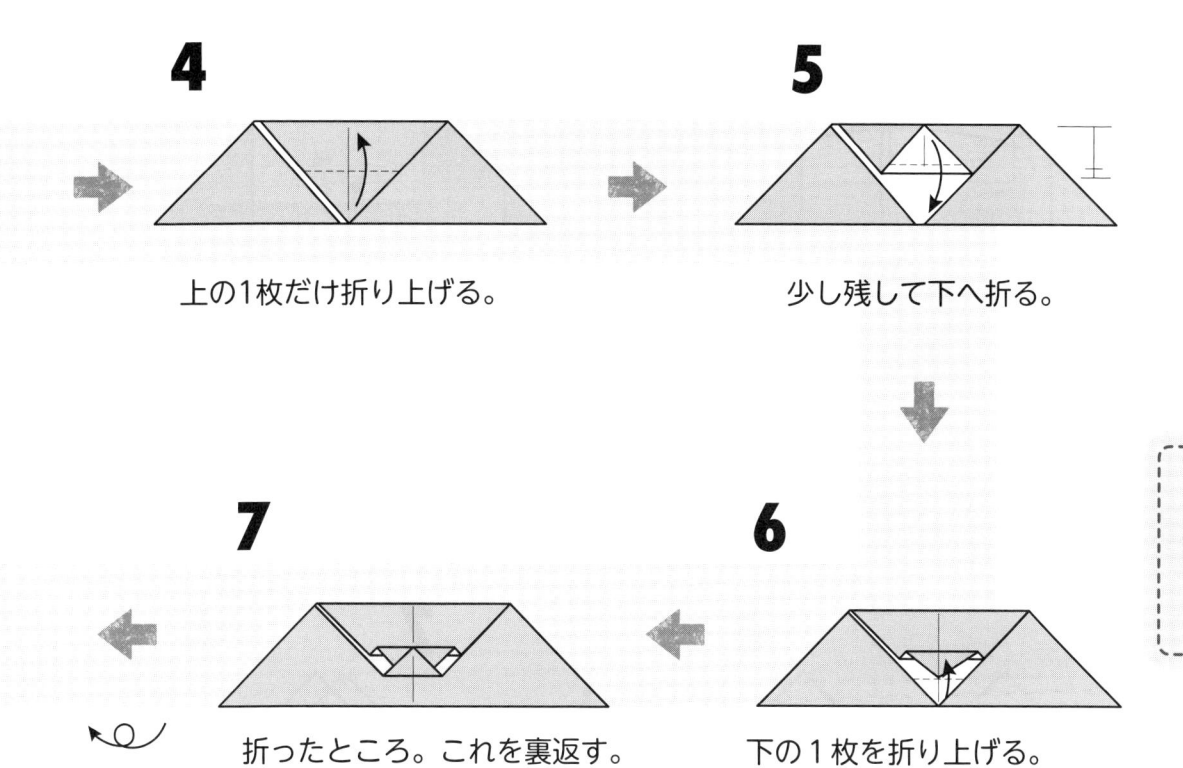

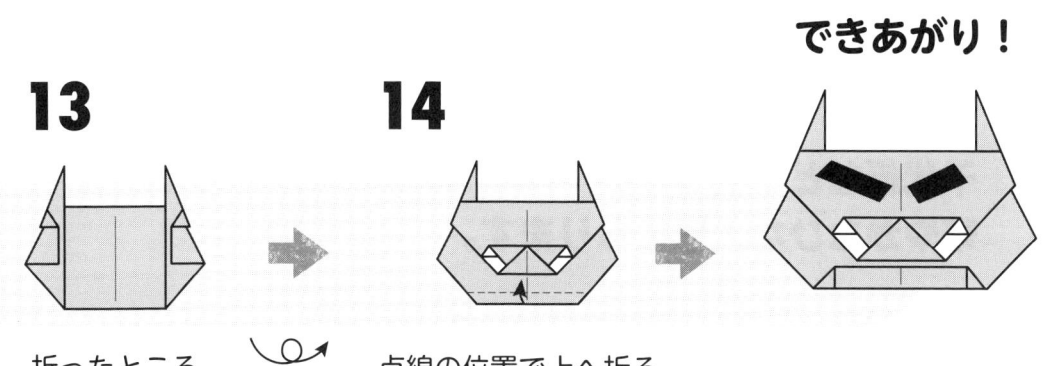

2月

13 折ったところ。これを裏返す。

14 点線の位置で上へ折る。

できあがり！

てんとう虫

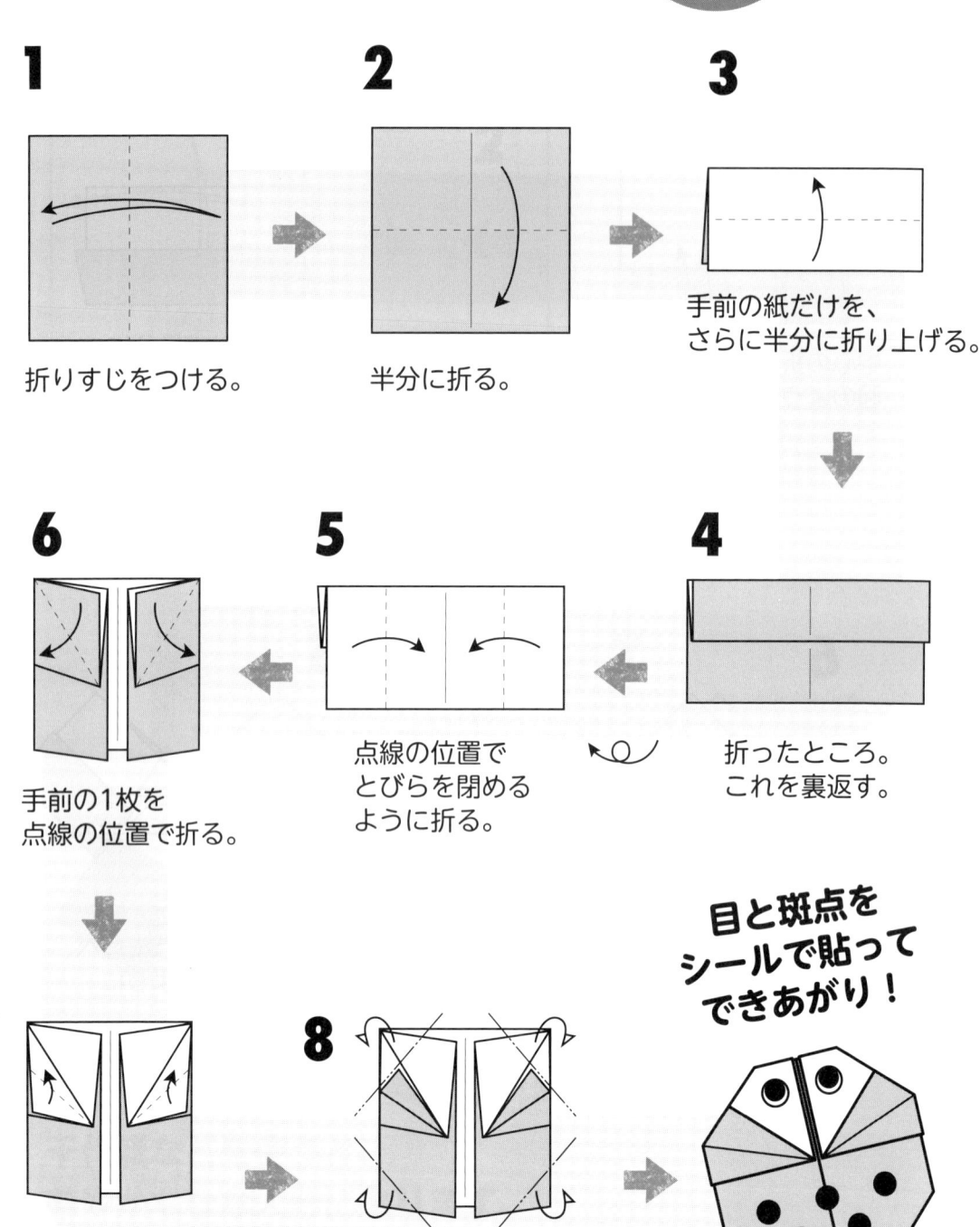

難しさ ★☆☆☆☆

1 折りすじをつける。

2 半分に折る。

3 手前の紙だけを、さらに半分に折り上げる。

4 折ったところ。これを裏返す。

5 点線の位置でとびらを閉めるように折る。

6 手前の1枚を点線の位置で折る。

7 さらに図のように折る。

8 角をすべて裏側へ折る。

目と斑点をシールで貼ってできあがり！

3月

木

難しさ
★★☆☆☆

1 折りすじをつける。

2 中心に合わせて図のように折る。

3 折ったところ。これを裏返す。

4 点線の位置で折って、裏側を出し、⑤の形にする。

5 点線の位置で折り、内側に差し込む。

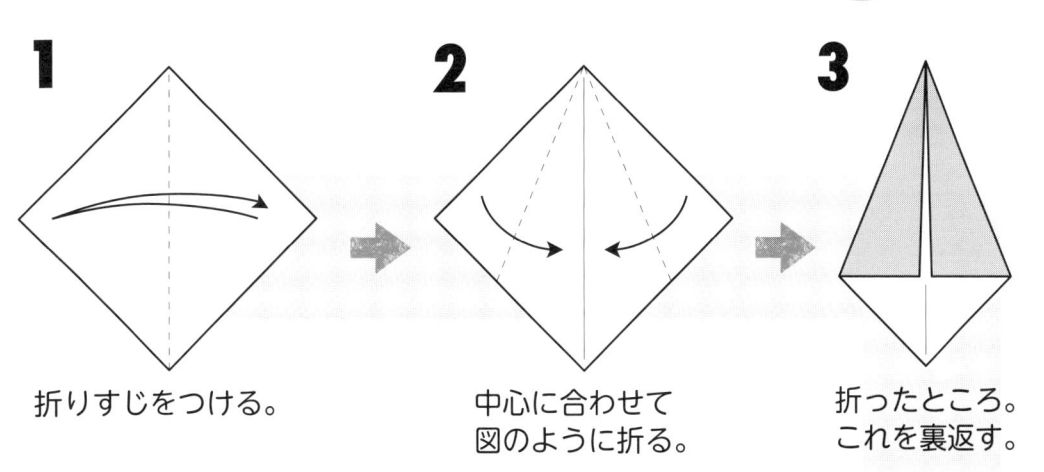

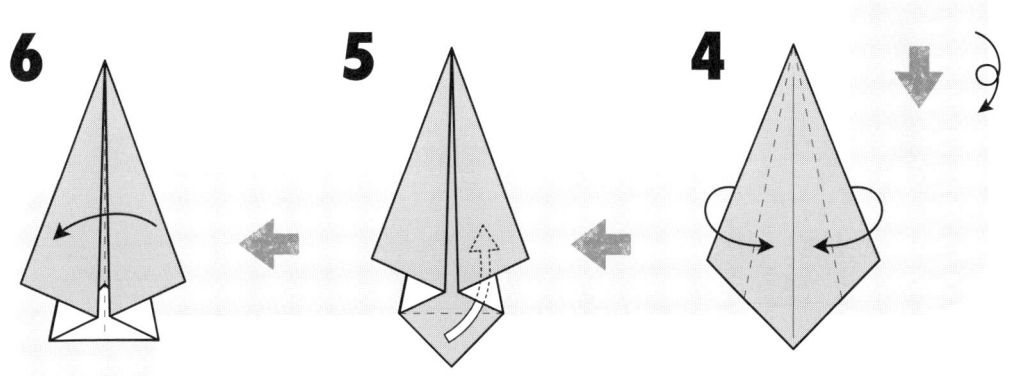

6 ⑦の図になるように右側を折る。

7 点線の位置で折る。

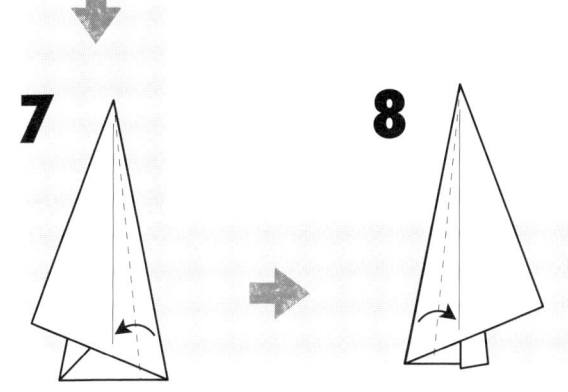

8 同じように左側も点線の位置で折る。

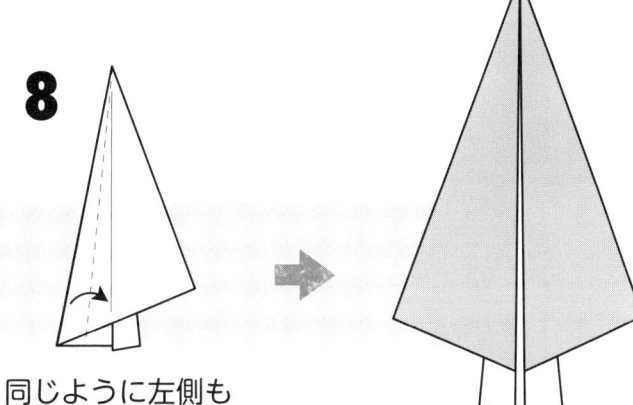

ひらいたらできあがり！

3月

クローバー

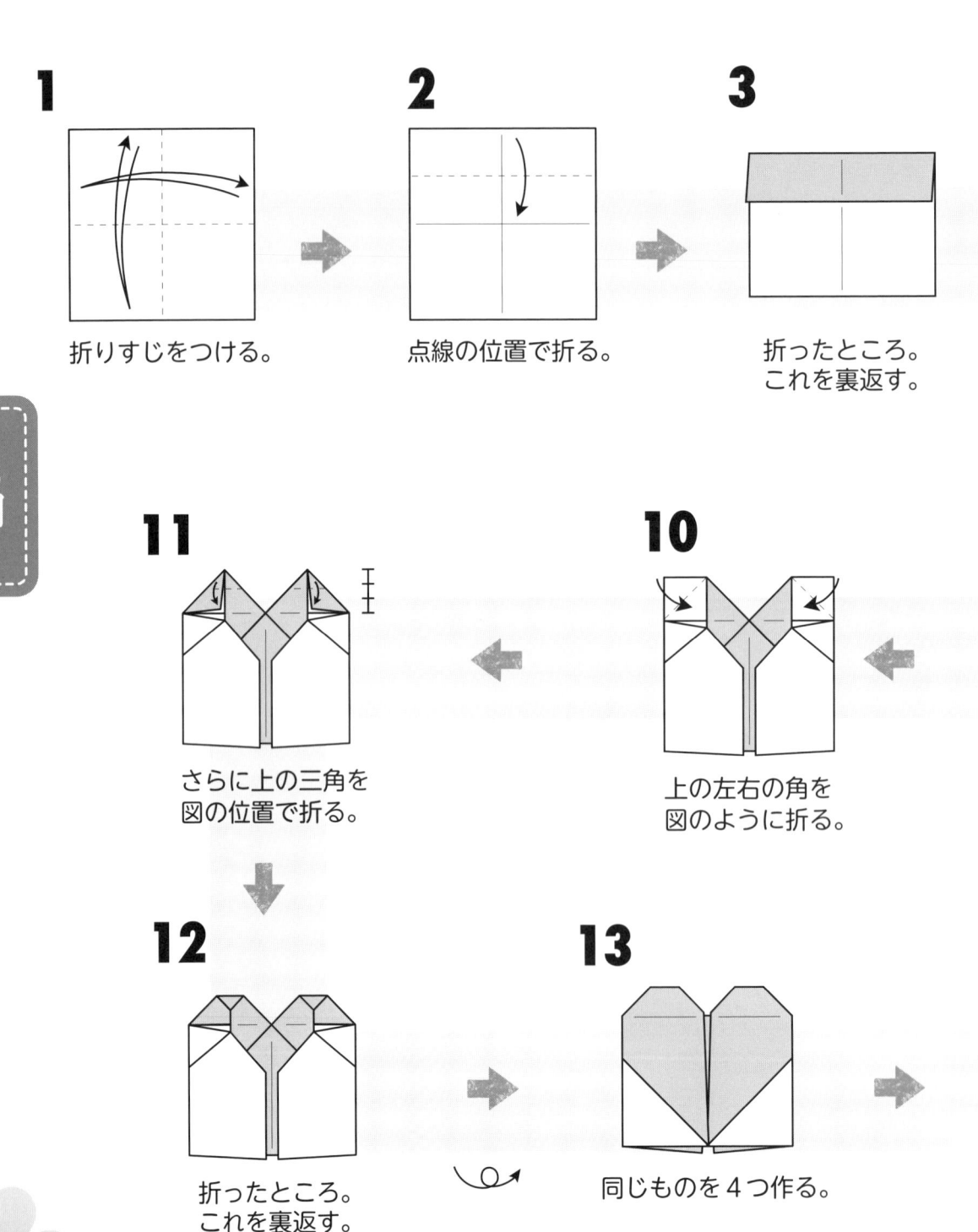

1 折りすじをつける。

2 点線の位置で折る。

3 折ったところ。これを裏返す。

11 さらに上の三角を図の位置で折る。

10 上の左右の角を図のように折る。

12 折ったところ。これを裏返す。

13 同じものを4つ作る。

3月

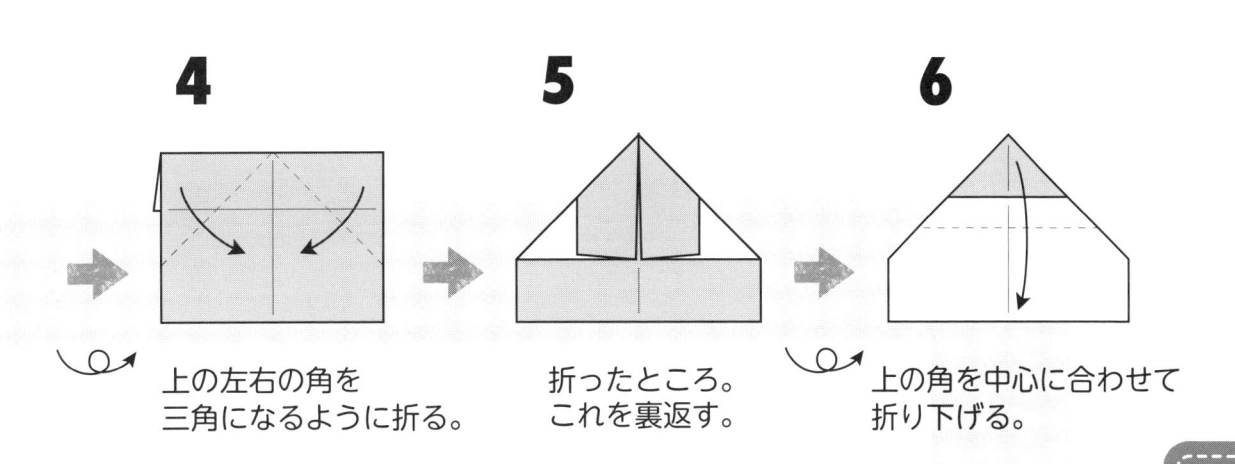

難しさ
★★★☆☆

4 上の左右の角を三角になるように折る。

5 折ったところ。これを裏返す。

6 上の角を中心に合わせて折り下げる。

7 折ったところ。これを裏返す。

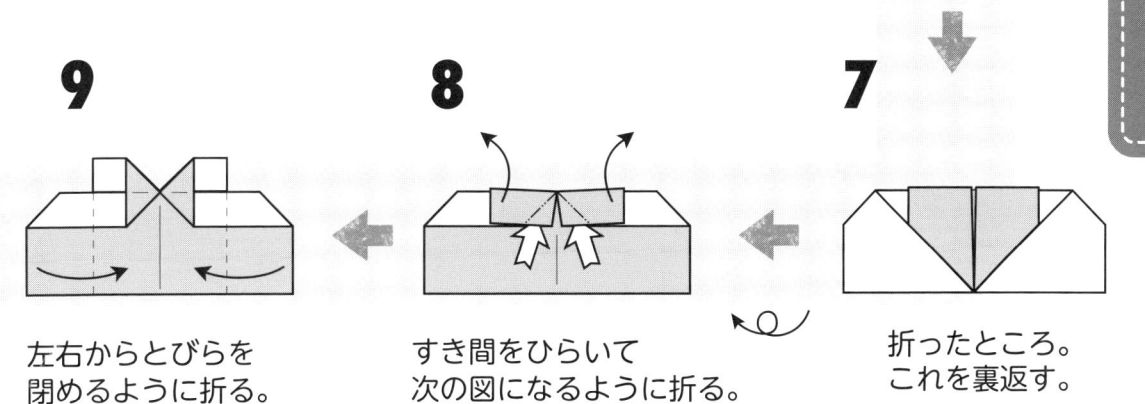

8 すき間をひらいて次の図になるように折る。

9 左右からとびらを閉めるように折る。

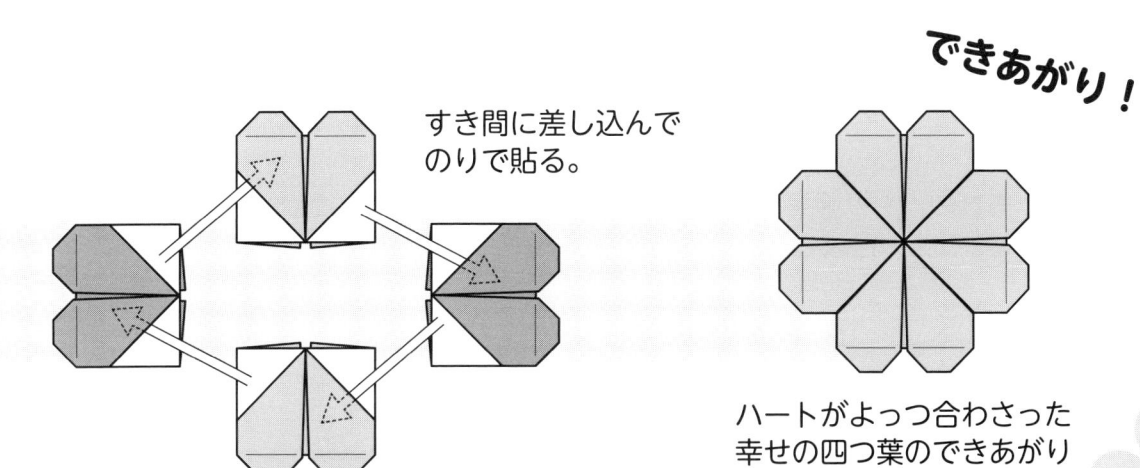

すき間に差し込んでのりで貼る。

できあがり！

ハートがよっつ合わさった幸せの四つ葉のできあがり

3月

監修　朝日 勇

昭和11年生まれ。日本折紙協会会員。
「世界おりがみ展」の連続出展をはじめ、展示会や個展を数多く主催。またおりがみ講師として、カルチャーセンター、社会教育施設などで、国内外における普及活動も積極的に展開。1992年、国際交流基金から西アフリカ（ガーナなど4ヵ国）に折り紙大使として派遣される。2008年より「おりがみ絵本通信講座」（コロネット）を開講中。主な著作に「親子で楽しむやさしいおりがみ第1集」、「親子で楽しむやさしいおりがみ第2集」（土屋書店）、「最新決定版　おりがみ全集プラス」、「おりがみ通信」（パッチワーク通信社）など多数。

編　集
西田 愛（土屋書店）

デザイン・装丁
鈴木 明子（CROSS POINT）

撮　影
色川 修一
石井 智久（CROSS POINT）

折り方イラスト
石井 志帆　青木 康郎
佐藤 恵美（CROSS POINT）

製　作
鈴木 明子　佐藤 恵美　石井 智久　浮谷 佳織　楠 優里　植竹 夏子　細川 真愛（CROSS POINT）

編集協力
「四季の折り紙」講座 生徒のみなさん

おりがみで作る壁面かざり12か月

監　修	朝日 勇
発 行 者	田仲 豊徳
発 行 所	株式会社 滋慶出版／土屋書店 〒150-0001 東京都渋谷区神宮前3-42-11 TEL 03-5775-4471　FAX 03-3479-2737 MAIL shop@tuchiyago.co.jp
印刷・製本	シナノ書籍印刷株式会社

©Jikei Shuppan Printed in Japan
落丁、乱丁本は当社にてお取替えいたします。許可なく転載、複製することを禁じます。

この本に関するお問合せは、書名・氏名・連絡先を明記のうえ、上記のFAXおよびメールアドレスへお寄せください。なお、電話でのご質問はご遠慮くださいませ。またご質問内容につきましては「本書の正誤に関するお問合わせのみ」とさせていただきます。あらかじめご了承ください。

http://tuchiyago.co.jp